AUTOREN: DR. MED. THOMAS WENDEL | CATRIN WENDEL

FOTOS: MONIKA SCHÜRLE | MARIA GROSSMANN

RAINBOW SMOOTHIES

Autoren: Dr. med. Thomas Wendel | Catrin Wendel

Fotos: Monika Schürle | Maria Grossmann

RAINBOW
SMOOTHIES

GESUNDHEIT
TO GO

DAS LEBEN IST BUNT!

MIT RAINBOW-SMOOTHIES GEHT'S LEICHTER DURCHS LEBEN! SONNEN-
VERWÖHNTE FRÜCHTE UND GEMÜSE, KOMBINIERT MIT VITALSTOFFEN AUS KRÄU-
TERN UND GEWÜRZEN, LASSEN UNS FITTER UND STRAHLENDER WIRKEN – VOM
KICK-START AM MORGEN BIS ZUM SCHLUMMERTRUNK AM ABEND.

Strahlend schön und leicht wie ein Regenbogen wirken, das möchten wir alle gern. Und wir
können es: mit den neuen Smoothie-Rezepten
in den Farben des Regenbogens!

GEBALLTE KRAFT DER NATUR

Smoothies sind zunächst einmal wie das
englische Wort »smooth« sagt: samtig, sanft,
cremig. Durch die hohe Drehzahl des Hoch-
leistungsmixers können Früchte und Gemüse
extrem fein püriert werden – selbst die Stiele,
Schalen, Kerne und Strünke. Und das ist groß-
artig, denn in ihnen stecken oft ganz besonders viele Vitalstoffe. Verwenden Sie also die
Kerne von Weintrauben, Äpfeln oder Papaya
ruhig einmal mit. Auch die Stiele von Kohlrabi,
Brokkoli und Co. schmecken gut und strotzen
nur so vor Vitaminen. Zum Powerdrink gemixt,
steht uns diese geballte Kraft der Natur hoch
konzentriert zur Verfügung. Sie versorgt uns
mit allem was wir brauchen, um gesund und
fit zu bleiben: Vitamine, Mineralstoffe und
Spurenelemente, Eiweiß, Ballaststoffe sowie
sekundäre Pflanzenstoffe, die uns helfen, das
Immunsystem zu stärken.

SONNENLICHT IM GLAS

Wir brauchen die frischen Smoothie-Zutaten
nur zu waschen, in den Mixer zu geben und
ein paar Sekunden zu mixen – schon ist der
perfekte Energiedrink fertig! Dank des hohen
Nährwerts sättigen die meisten Smoothies in
diesem Buch nachhaltig. Gewissermaßen far-
benfrohe und gleichzeitig gesunde Mahlzeiten
aus dem Glas – die natürlich auch wunderbar
schmecken. Smoothies lassen sich außerdem
überall hin mitnehmen und sind darum auch
ideal für Schule und Büro, für eine Zugfahrt
und beim Picknick. Weil sie so schnell zube-
reitet sind, kann man sie perfekt auch in einen hektischen Alltag integrieren. Schluck
für Schluck wird der selbst gemixte Smoothie da zur Energietankstelle. Die samtigen
Drinks schenken uns rund ums Jahr Tag für
Tag die Kraft der Sonne. In reifen Früchten und
Gemüse steckt die Energie des Lichts, und mit
Rainbow-Smoothies bringen wir dieses Licht
ins Glas. In all seinen Farben!

BUNTE VITALSTOFFE

Flavonoide, die Farben von Gemüse und
Früchten, zählen zu den sekundären Pflan-
zenstoffen. Als hochwirksame Antioxidanzien
stärken sie das Immunsystem der Pflanzen.
Ähnlich verhält es sich mit den ätherischen
Ölen von Kräutern und Gewürzen – sie enthalten hochkonzentrierte Verbindungen,
die der Pflanze das Überleben in der Natur
sichern. Diese Kräfte lassen sich natürlich
auch für unser Wohlbefinden nutzen. Im Mixer
hervorragend aufgeschlossen und verflüssigt,
ohne dass durch Wärme (wie beim Kochen)
kostbare Stoffe zerstört würden, kann unser
Organismus die Vitalstoffe blauer Heidelbeeren, roter Himbeeren, grüner Wildkräuter oder
sonnengelber Kurkuma optimal verwerten.

Der Stoffwechsel verwandelt die Farben des Lichts in Energie für die Zellen. Das hilft uns, Widerstandskräfte zu entwickeln, strahlender auszusehen und insgesamt entspannter und leistungsfähiger zu sein.

ABWECHSLUNG GEFÄLLIG?

Immer nur das gleiche mixen – wie langweilig! Entscheiden Sie je nach Geschmack, Jahreszeit und dem Angebot auf dem Markt, mit welchem Smoothie Sie sich heute etwas Gutes tun wollen. Und für noch mehr Anregung werfen Sie doch einfach einen Blick in unseren Saisonkalender in der Klappe. Sie werden sehen: Obst und Gemüse der Saison strotzt nicht nur so vor wertvollen Inhaltsstoffen, sondern ist auch besonders saftig und köstlich. Abwechslung im Mixer ist aber auch wichtig, weil Früchte und Gemüse, aber auch Kräuter und Gewürze in ihrer Nährstoffzusammensetzung sehr unterschiedlich sind. Wenn Sie Ihren Smoothie immer wieder neu kombinieren, stellen Sie sicher, dass Ihr Körper mit allen Vitalstoffen rundum gut versorgt ist.

MIT SMOOTHIES DURCH DEN TAG

Rainbow-Smoothies können Sie zu jeder Tageszeit und in jeder Situation passend auswählen: morgens die Lebensgeister wecken, mittags Energie tanken, nachmittags wieder in Schwung kommen und abends runterkommen und einfach genüsslich entspannen. Suchen Sie sich einfach jeden Tag aufs Neue einen Smoothie aus, der Ihnen guttut!
Für noch mehr Wellness-Feeling können Sie im Sommer die Zutaten kühlen und zum Mixen kaltes Wasser verwenden: für den extra Frischekick. Und im Winter bereiten Sie sich mit heißem Wasser einen wohltuenden Hot Smoothie. So kosten Sie die Buntheit und Vielfalt des Lebens voll und ganz aus. Tag für Tag!

VIEL POWER
MIT WENIG AUFWAND

NEHMEN SIE'S LEICHT: IHR NEUES RUNDUM-WOHLGEFÜHL STELLT SICH AUCH MIT
KLEINEN SCHRITTEN EIN. SANFTE VERÄNDERUNGEN LASSEN SICH LEICHT IN DEN
ALLTAG INTEGRIEREN UND SCHENKEN IHNEN SPÜRBAR MEHR POWER. UND DAS
BESTE: SIE BRAUCHEN DAFÜR NICHT IHR GANZES LEBEN UMZUKREMPELN!

Mini-Helfer mit Maxi-Wirkung: Gewürze und
Kräuter sind Ihre besten Verbündeten, um das
Lebensgefühl einfach und gezielt zu verbes-
sern. Auf winzigem Raum verdichten sich in
ihnen die wirkungsvollsten Substanzen; in
hochkonzentrierter Form enthalten sie Anteile
vieler lebenswichtiger Mikronährstoffe. Schon
die angesehene Klostermedizin nutzte diese
Wirkstoffe für frische Säfte. Dieses alte Na-
turheilwissen kommt Ihnen mit dem Genuss
jedes Rainbow-Smoothies gezielt zugute.

DETOX TO GO

Vergessen Sie lange, entbehrungsreiche
Fastenkuren! Sanftes Detox funktioniert auch
im Alltag und mit Genuss. Sie können sich
dafür Ihren Lieblings-Detox-Smoothie schon
am Vorabend zubereiten – und haben ihn am
nächsten Morgen fertig to go. Die natürlichen

Antioxidanzien im Smoothie sorgen dafür, dass die Mikronährstoffe lange erhalten bleiben. Füllen Sie ihn nach dem Mixen einfach in ein gut verschließbares Gefäß und stellen Sie ihn bis zum Genuss in den Kühlschrank.

IM SANFTEN RHYTHMUS DER NATUR

Vielleicht haben Sie den Wunsch, etwas weniger Fleisch essen zu wollen? Oder Sie sind neugierig geworden auf den veganen Lebensstil und möchten ihn ausprobieren – ohne gleich Ihre ganze Ernährung auf den Kopf zu stellen? Dafür sind Smoothies optimal. Dank der reifen Zutaten und abwechslungsreichen Rezepte enthalten sie alle Nährstoffe, die Sie brauchen. Und weil Smoothie-Zutaten idealerweise erntefrisch und aus biologischem Anbau sind, bekommen Sie mit jedem Bummel über den Markt nebenbei auch noch das gute Gefühl, gemäß der Jahreszeiten zu genießen. Schon der Anblick der farbenfrohen Früchte,

Kräuter und Gemüse macht gute Laune! So können Sie sich mühelos im Einklang mit der Natur fühlen – und entdecken neue Möglichkeiten, sich im Rhythmus des Jahres vielseitig und gesund zu ernähren.

MEHR LEICHTIGKEIT – GEHT LEICHT!

Die Pfunde purzeln lassen, in die neue Jeans passen – das gelingt kurioserweise am einfachsten, wenn Sie sich satt fühlen! Mini-Mahlzeiten wie Smoothies, die viele pflanzliche Ballaststoffe und Vitalkräfte enthalten, sättigen nachhaltig. Heißhunger-Attacken waren gestern! Wenn Sie jeden Tag ein wenig mehr Bewegung in Ihren Alltag integrieren, werden Sie sich bald leichter fühlen. Treppe statt Lift, Rad statt Auto – mit einfachen Mitteln können Sie Ihr Leben vital gestalten. Kreislauf und Durchblutung bekommen dadurch neuen Schwung, Sie sehen frischer und jünger aus. Und finden erholsamen Schlaf.

OPTIMAL VERSORGT

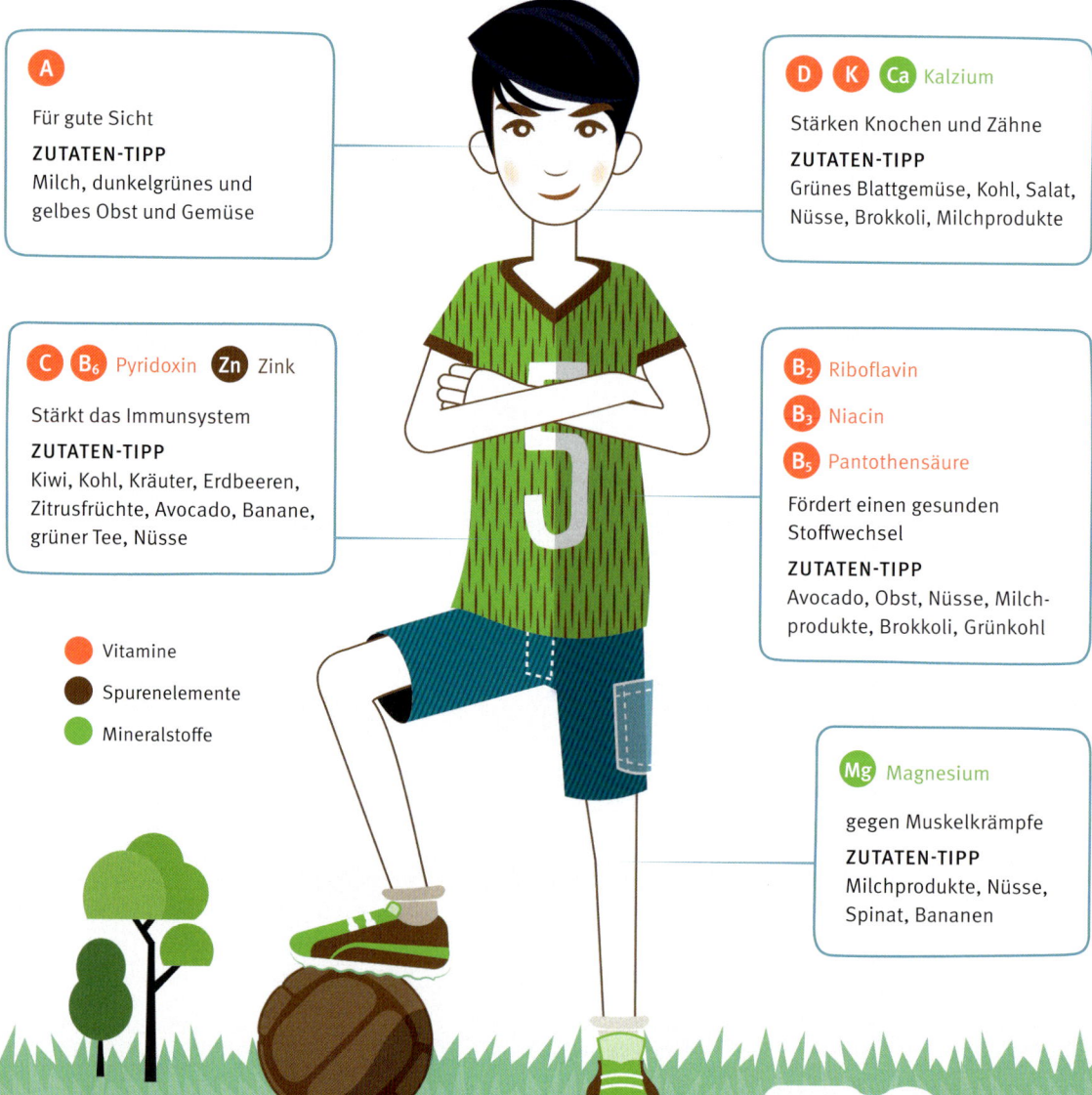

A

Für gute Sicht

ZUTATEN-TIPP

Milch, dunkelgrünes und gelbes Obst und Gemüse

D **K** **Ca** Kalzium

Stärken Knochen und Zähne

ZUTATEN-TIPP

Grünes Blattgemüse, Kohl, Salat, Nüsse, Brokkoli, Milchprodukte

C **B₆** Pyridoxin **Zn** Zink

Stärkt das Immunsystem

ZUTATEN-TIPP

Kiwi, Kohl, Kräuter, Erdbeeren, Zitrusfrüchte, Avocado, Banane, grüner Tee, Nüsse

B₂ Riboflavin

B₃ Niacin

B₅ Pantothensäure

Fördert einen gesunden Stoffwechsel

ZUTATEN-TIPP

Avocado, Obst, Nüsse, Milchprodukte, Brokkoli, Grünkohl

- Vitamine
- Spurenelemente
- Mineralstoffe

Mg Magnesium

gegen Muskelkrämpfe

ZUTATEN-TIPP

Milchprodukte, Nüsse, Spinat, Bananen

FIT SEIN, DEN ALLTAG STEMMEN, TAUSEND DINGE ERLEDIGEN UND DABEI GUT DRAUF SEIN – DAFÜR LEISTET UNSER KÖRPER JEDEN TAG EINE MENGE. OFT UNTER DRUCK, WENN WIR GEFORDERT SIND, SCHNELLE LÖSUNGEN ZU FINDEN ODER FLEXIBEL ZU SEIN. NUR WENN ALLE ORGANE BESTENS VERSORGT SIND, KANN UNSER KÖRPER FUNKTIONIEREN. DOCH WAS BRAUCHT ER DAFÜR? WELCHE NÄHRSTOFFE SIND FÜR DIE ORGANE WICHTIG?

B₁ Thiamin   **B₆** Pyridoxin
B₁₂ Cobalamin
Nervenstärkend
ZUTATEN-TIPP
Milch, Haferflocken,
Löwenzahn

B₁ Thiamin   **B₆**   **B₁₂**   **Fe**
Stärken Konzentration
und Gedächtnis
ZUTATEN-TIPP
Grünes Gemüse, Nüsse,
Haferflocken, Milchprodukte

K Kalium
Wichtig für Muskelkontrak-
tion und Nervenübertragung
ZUTATEN-TIPP
Bananen, Datteln, Spinat

A **C** **E** **B₇** Biotin
Schützen die Haut, stärken
das Bindegewebe, gegen
freie Radikale
ZUTATEN-TIPP
Nüsse, grünes Gemüse

B₉ Folsäure   **Fe** Eisen
Regenerierung der roten
Blutkörperchen, Blutbildung
ZUTATEN-TIPP
Haferflocken, grünes
Gemüse, Nüsse

DIE TOP 10 DER KRÄUTER UND IHRE POWERWIRKUNG

GRÜNES LICHT FÜR DIE GESUNDHEIT: WÜRZIGE KRÄUTER ENTHALTEN JEDE MENGE VITALSTOFFE, DIE UNS DABEI HELFEN KÖNNEN, LÄNGER FIT UND JUNG ZU BLEIBEN: WERTVOLLE VITAMINE, MINERALSTOFFE, SPURENELEMENTE – UND JE FRISCHER WIR DIE KRÄUTER ERNTEN, DESTO MEHR POWER STECKT DRIN!

1. GIERSCH: Er galt früher als Heilkraut, war dann lange als Unkraut in Verruf und wird gerade als Detox-Booster neu entdeckt. Giersch kann die Entgiftungsfunktionen der Nieren unterstützen – für ein leichteres Lebensgefühl! Sammelzeit: Mai bis Juli

2. ZITRONENMELISSE: Reibt man die Blätter, duften Sie nach Zitrone, daher der Name. Manchmal heißt das Kraut auch einfach nur Melisse. Es hilft beim Entschleunigen, wirkt entspannend und beruhigend. Erntezeit: Juni bis August

3. PFEFFERMINZE: Bekannt aus der Klostermedizin. Enthält entzündungshemmende und krampflösende Verbindungen, kann die Magen-Darm-Tätigkeit unterstützen. Erntezeit: vor der Blüte und im Herbst

4. SPITZWEGERICH: Er hat als Heilkraut eine lange Tradition. Das Kraut gilt als leicht antibakteriell, kann Reizungen und Entzündungen der Schleimhäute lindern. Wird auch zur Wundheilung empfohlen. Sammelzeit: April bis Juli

5. LÖWENZAHN: Die Blätter enthalten Bitterstoffe, die die Funktionen von Leber und Galle unterstützen können. Auch als Nieren- und Blasenheilkraut hat er eine lange Tradition. Sammelzeit: März bis Mai

6. GUNDERMANN: Auch Gundelrebe genannt. Er enthält Vitamin C und Mineralstoffe und wird in der Pflanzenheilkunde unter anderem bei Entzündungen, Infekten und zur Frühjahrskur empfohlen. Sammelzeit: März bis Oktober

7. BASILIKUM: Gilt als jahrtausendealtes Heilkraut, wurde schon in der Antike zu medizinischen Zwecken genutzt. Enthält unter anderem Magen-Darm-freundliche Substanzen und kann die Leber unterstützen. Erntezeit: Juni bis September

8. GERSTENGRAS: Zählt zur Familie der Süß-
gräser. Besonders reich an Vitalstoffen wie
Spurenelementen, Mineralstoffen und Vitami-
nen, unter anderem der wichtigen B-Gruppe.
Im Reformhaus als Pulver erhältlich.
Ernte: 10 bis 12 Tage nach Aussaat

9. BRENNNESSEL: Das Detox-Wunderkraut
wird traditionell zur Entwässerungs- und Blut-
reinigungskur ab dem Frühjahr verwendet. Es
unterstützt effektiv die Ausleitungsfunktionen
von Nieren und Blase.
Sammelzeit: Mai bis Juli

10. BÄRLAUCH: Der Verwandte des Knob-
lauchs enthält ähnliche, den Stoffwechsel
unterstützende und antioxidative Verbindungen. Und dazu jede Menge Mineralstoffe und
Spurenelemente!
Sammelzeit: April und Mai

DIE TOP 10 DER GEWÜRZE UND IHRE POWERWIRKUNG

SONNENGELBE KURKUMA, ORANGEFARBENER SAFRAN UND FEUERROTE CHILI-SCHOTEN – GEWÜRZE SIND BUNT WIE DER REGENBOGEN! UND ÄHNLICH VIEL-SCHICHTIG: SIE GEBEN UNSEREN SMOOTHIES NICHT NUR EIN TOLLES AROMA, SIE TRAGEN MIT IHREN WIRKSTOFFEN AUCH ZUM RUNDUM-WOHLGEFÜHL BEI.

1. INGWER: Nicht nur in der fernöstlichen Medizin, auch bei uns setzen Gesundheitsbewusste heute auf seine starken inneren Werte. Ingwer versorgt uns unter anderem mit Eisen, Magnesium, Kalzium und Phosphor. Sein ätherisches Öl enthält Scharfstoffe, die als Antioxidanzien wirken. Sie kurbeln den Stoffwechsel an und stärken das Immunsystem.

2. CHILISCHOTE: Weltweit gibt es Tausende Chilisorten. Alle enthalten Capsaicin. Der Scharfstoff im ätherischen Öl der pfeffrigen Paprikafrüchte pusht den Stoffwechsel, regt die Durchblutung an und kann leicht entzündungshemmend wirken. Zusätzliches Plus: Chilischoten enthalten Vitamin C.

3. ZIMT: Zimtstangen werden aus der Rinde eines Baums gewonnen, der zu den Lorbeergewächsen zählt. Ihr ätherisches Öl wird in der Aromatherapie unter anderem bei Erschöpfung und Stress eingesetzt.

4. PFEFFER: Enthält den Scharfstoff Piperin. Hilft nicht nur, den Kreislauf auf Trab zu bringen, die durchblutungsfördernden Eigenschaften unterstützen auch den Stoffwechsel.

5. KARDAMOM: Das ätherische Öl der Samenkörner kann die Produktion der Magen- und Gallensäfte anregen und die Verdauung unterstützen. Es kann leicht entspannend wirken – und sogar konzentrationsfördernd.

6. KORIANDER: Koriandersamen können die Verdauung unterstützen. Ihr kräftiges ätherisches Öl wirkt im Magen-Darm-Bereich entspannend und entkrampfend und kann bei Reizdarm-Symptomen wie Bauchdrücken oder Völlegefühl Linderung bringen.

7. KURKUMA: Die Wurzel sieht ähnlich aus wie Ingwer – kein Wunder, die beiden sind verwandt. Ähnlich stark ist auch ihr Wirkungsgrad: Kurkuma enthält Curcumin. Dieser sekundäre Pflanzenstoff gilt als immunstärkend.

7

9. ANIS: Die kleinen aromatischen Anissamen sind eines der ältesten Gewürzheilmittel und wurden schon in der Klostermedizin bei Infekten, vor allem bei Husten, empfohlen. Auch im Magen-Darm-Bereich kann Anis wohltuend wirken, unter anderem bei Beschwerden wie Völlegefühl und Magendrücken.

10. SAFRAN: Die leicht herb und honigähnlich schmeckenden Fäden des Safrankrokus enthalten ein ätherisches Öl mit wertvollen Bitterstoffen. Sie leisten im Magen-Darm-Bereich gute Dienste und können Stoffwechselprozesse unterstützen.

8. VANILLESCHOTEN: Die Schoten sind die Früchte einer Orchideenart, ihre Samen enthalten ein wohltuendes Öl. In der Aromatherapie wird es unter anderem wegen seines entspannenden Potenzials eingesetzt.

SMOOTHIES
FÜR JEDEN TAG

ANTI-AGING

SICH JUNG UND SCHÖN FÜHLEN IST KEINE FRAGE DES ALTERS!
WIR KÖNNEN MIT DER RICHTIGEN ERNÄHRUNG UND
BEWEGUNG AN DER FRISCHEN LUFT VIEL FÜR UNSER AUSSEHEN TUN.
UND DORT SUCHEN WIR AB SOFORT AUCH DEN REGENBOGEN!
UND HOLEN DIE SONNIGEN FARBEN INS GLAS – ROT, GRÜN, GELB UND
BLAU SIND ECHTE SCHÖNMACHER. DIE PFLANZENSTOFFE
AUS BEEREN UND KRÄUTERN LASSEN UNS EINFACH STRAHLEN!

Für schönen Teint

MANGO-GURKEN-SMOOTHIE

mit scharfer Kresse

PRO GLAS CA. 75 KCAL, 3 G EW, 3 G F, 10 G KH

FÜR 4 GLÄSER

1 Mango, ½ Salatgurke, 1 Handvoll Radieschenblätter, 1 Handvoll Kresse, Cayennepfeffer, 250 ml Milch (z. B. Kuhmilch oder Sojadrink), ca. 250 ml Wasser

1

Die Mango schälen und das Fruchtfleisch vom Stein schneiden. Die halbe Gurke waschen und mit der Schale in Stücke schneiden. Radieschenblätter und Kresse waschen.

2

Mango, Gurke, Radieschenblätter und Kresse in den Mixer füllen. 1 Prise Cayennepfeffer dazugeben. Die Milch und das Wasser dazugießen und alles fein pürieren.

GESUNDHEITS-PLUS

Schöne Haut sieht rein und klar aus, das wussten bereits die alten Römer. Sie setzten auf Kresse als Beauty-Booster – für jedes Alter! Der berühmte antike Arzt Dioskurides (er lebte im 1. Jh. n. Chr.) empfahl frische Kresse zur Hautreinigung. Und zwar auf doppelte Weise: innerlich, als Frischpflanzensaft, zur Unterstützung der Entgiftungstätigkeit der Nieren, und äußerlich, als Maske, gegen Alterungsflecken. Und er hatte recht! Die moderne Pflanzenheilkunde schätzt die Inhaltsstoffe der knackigen Kresseblättchen heute als positiv für den Stoffwechsel ein. Sie enthalten nicht nur wohlschmeckende Senföle und jede Menge wertvoller Mineralstoffe und Spurenelemente wie etwa Kalium und Eisen, sondern auch Vitamin C. Und eines gilt heute genauso wie einst: Kresse entfaltet ihre schönheitsfördernden Talente nur, wenn man sie ganz frisch verwendet!

WUSSTEN SIE SCHON, DASS...

… Kresse früher als Zauberkraut galt, das die Lebensenergien stärkt?

KLEOPATRAS LIEBLING

mit Aloe vera

PRO GLAS CA. 90 KCAL, 1 G EW, 3 G F, 15 G KH

FÜR 4 GLÄSER

2 Birnen, 2 Orangen, 1 Stück Aloe-vera-Blatt (ca. 3 cm), 2 TL Kokosöl,
250 ml Kokoswasser, ca. 250 ml Wasser

Die Birnen waschen und vierteln. Die Kerngehäuse entfernen
und die Birnen in Stücke schneiden. Die Orangen schälen
und in Stücke schneiden.

Das Aloe-vera-Blatt schälen. Birne, Orange und Aloe vera sowie
das Kokosöl in den Mixer füllen. Das Kokoswasser und das Wasser
dazugießen und alles fein pürieren.

WUSSTEN SIE SCHON, DASS ...

... Sie Aloe vera ganz
leicht im Topf selber
ziehen können?

GESUNDHEITS-PLUS

Es stimmt: Kleopatra verdankte ihre legendäre Schönheit unter anderem tatsächlich dem Saft der Aloe vera. Auch Nofretete schwor darauf und pflegte ihren Körper täglich mit dem hautfreundlichen Gel aus dem Blattinneren der lilienartigen Pflanze. Es kann nämlich nicht nur Feuchtigkeit binden und die Haut schön straff halten. Es enthält über 200 sekundäre Pflanzenstoffe, die auf vielfältige Weise das Wohlbefinden und die Schönheit fördern. Die moderne Pflanzenheilkunde schätzt diese Substanzen als hochwirksame Antioxidanzien ein. Übrigens: Die äußeren Blattpartien der Aloe vera werden nicht verwendet. Die Blätter also vor Gebrauch schälen.

TIPP

Das ätherische Öl der Minze wirkt erfrischend und kühlend – und ist damit die perfekte Ergänzung zum Kardamom, der in der indischen Heilkunde als Stoffwechsel-Booster gilt.

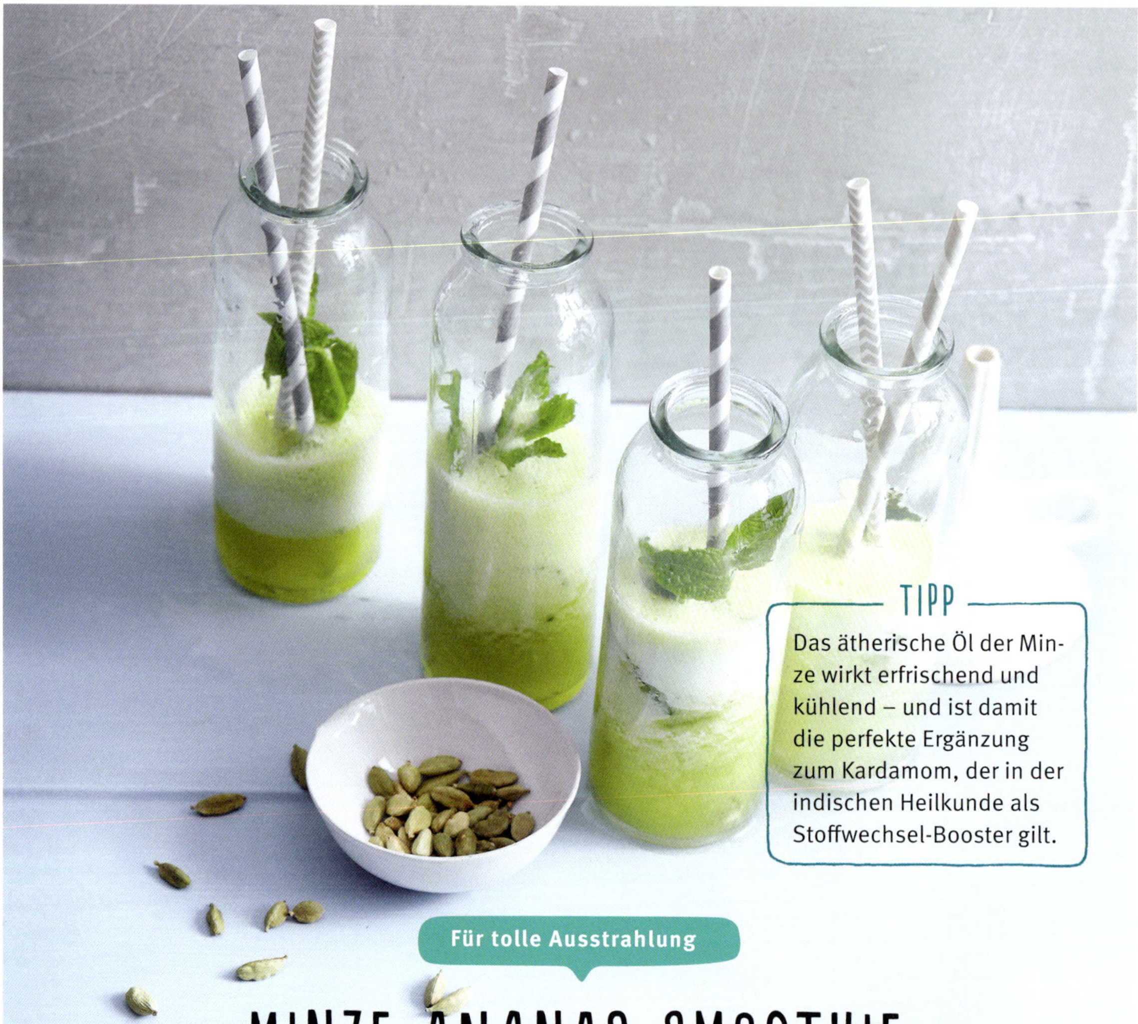

Für tolle Ausstrahlung

MINZE-ANANAS-SMOOTHIE

PRO GLAS CA. 40 KCAL, 0 G EW, 1 G F, 9 G KH

FÜR 4 GLÄSER

350 g Ananas, 8 Minzeblätter, 4 grüne Kardamomkapseln, 250 ml Kokoswasser, ca. 250 ml Wasser

1

Die Ananas schälen und mit dem Strunk in Stücke schneiden. Die Minzeblätter waschen. Ananas, Minzeblätter und die ganzen Kardamomkapseln in den Mixer füllen.

2

Das Kokoswasser und das Wasser dazugießen und alles fein pürieren.

WUSSTEN SIE SCHON, DASS...

... Kurkuma besonders reich an zellschützenden Antioxidanzien ist?

Für Spannkraft

PFIRSICH-MILCH-SMOOTHIE

PRO GLAS CA. 145 KCAL, 5 G EW, 5 G F, 20 G KH

FÜR 4 GLÄSER

4 Pfirsiche, 2 TL gemahlene Kurkuma,
500 ml Milch (z. B. Kuhmilch oder Sojadrink)

Die Pfirsiche waschen, halbieren, den Stein entfernen Die Früchte nicht
häuten. In Stücke schneiden und mit der Kurkuma in den Mixer füllen.

Die Milch dazugießen und alle Zutaten fein pürieren.

Sich fit und schön fühlen

SKIN-BOOSTER-SMOOTHIE

mit Löwenzahn

PRO GLAS CA. 120 KCAL, 5 G EW, 5 G F, 15 G KH

FÜR 4 GLÄSER

250 g gemischte Beeren (z. B. Erdbeeren, Himbeeren, Heidelbeeren), 1 Handvoll Löwenzahnblätter, 1 TL Acaipulver, 1 EL Agavensirup, 500 ml Milch (z. B. Kuhmilch oder Sojadrink)

1. Die Beeren waschen. Die Löwenzahnblätter ebenfalls waschen. Beeren und Löwenzahnblätter mit dem Acaipulver und dem Agavensirup in den Mixer füllen.

2. Die Milch dazugießen und alle Zuaten fein pürieren.

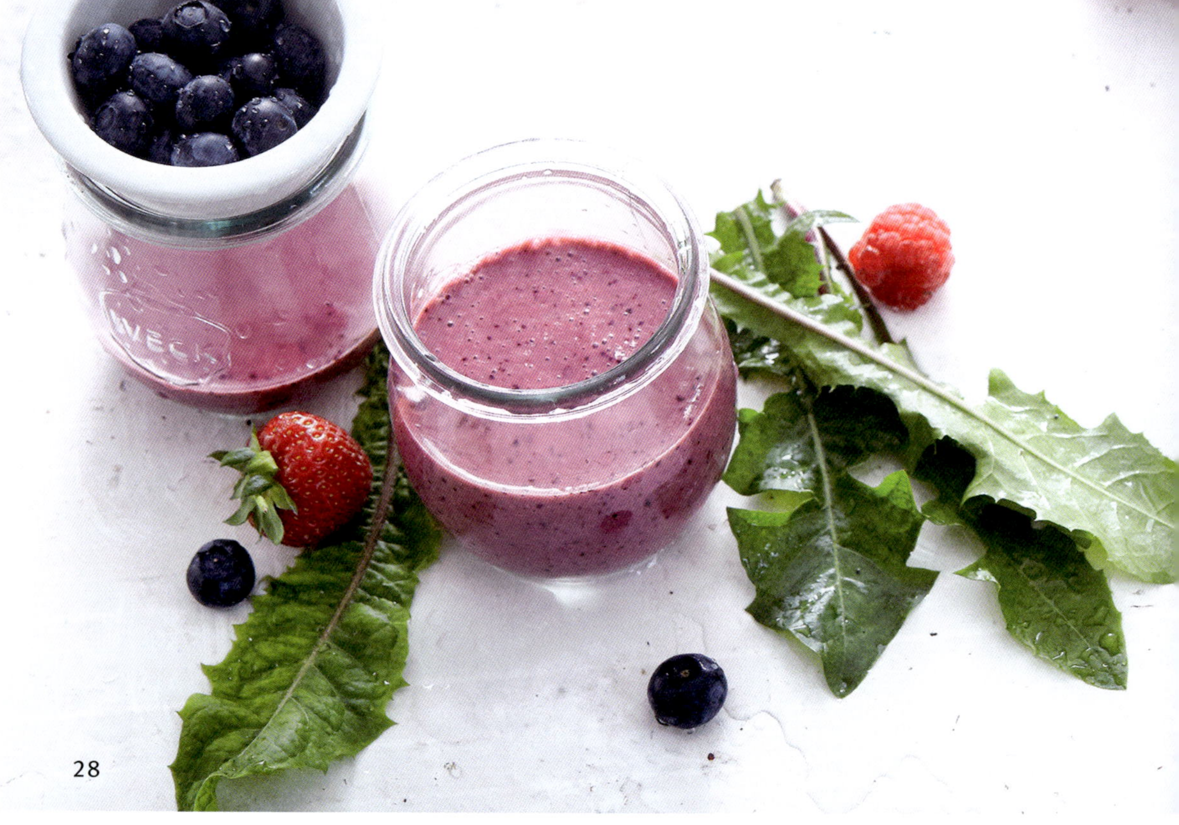

GESUNDHEITS-PLUS

Löwenzahn ist eines unserer ältesten Hausmittel. In der Klostermedizin und in der Pharmazie und Pflanzenheilkunde wird er hochgeschätzt. Er enthält jede Menge sekundäre Pflanzenstoffe, die auf vielfältige Weise das Wohlbefinden fördern können – und zwar sowohl innerlich als auch äußerlich. Eine seiner herausragenden Eigenschaften ist die stoffwechselanregende Wirkung. Sie fördert ein feineres Hautbild und kann zu einem frischeren Aussehen beitragen. Nicht umsonst bereitete man schon im Mittelalter aus frisch gepflückten Löwenzahnblättern Gesichtsmasken und Umschläge zu. Sie sollten Hautrötungen lindern und kleinere Entzündungen perfekt abklingen lassen.

Für einen gleichmäßigen Teint

SUPER-TEINT-SMOOTHIE

PRO GLAS CA. 115 KCAL, 2 G EW, 0 G F, 26 G KH

FÜR 4 GLÄSER

2 Bananen, 300 g Ananas, 1 Stück Aloe-vera-Blatt (ca. 5 cm), 2 Stängel Petersilie, 250 ml Möhrensaft, ca. 250 ml Wasser

1

Die Bananen schälen und in Stücke schneiden. Die Ananas schälen und mit dem Strunk in Stücke schneiden. Das Aloe-vera-Blatt schälen. Die Petersilie waschen und die Blätter abzupfen.

2

Bananen, Ananas, Aloe vera und Petersilienblätter in den Mixer füllen. Den Möhrensaft und das Wasser dazugießen und alles fein pürieren.

TIPP

Petersilie fördert die Funktionen von Blase und Nieren – und das zeigt sich auch ganz deutlich an einem klareren Teint!

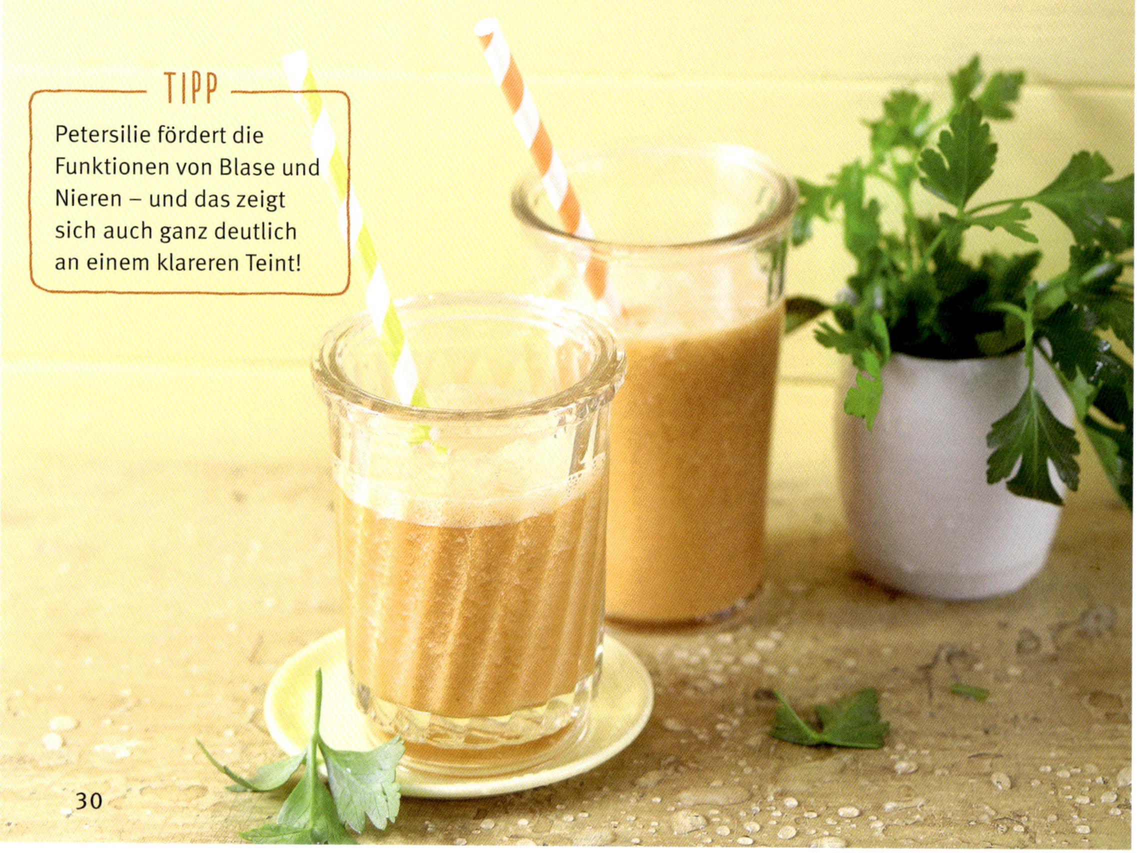

Bei leichten Hautreizungen

COCONUT-BEAUTY-SMOOTHIE

PRO GLAS CA. 160 KCAL, 2 G EW, 7 G F, 22 G KH

FÜR 4 GLÄSER

2 Bananen, 2 Pfirsiche, ½ Avocado, 1 Stück Bourbon-Vanilleschote (ca. 1 cm),
250 ml Kokoswasser, ca. 250 ml Wasser

1

Die Bananen schälen und in Stücke schneiden. Die Pfirsiche waschen,
vom Kern befreien und in Stücke schneiden, aber nicht häuten.
Die halbe Avocado vom Kern befreien, das Fruchtfleisch herauslösen.

2

Bananen, Pfirsiche, Avocadofruchtfleisch und das Stück
Vanilleschote in den Mixer füllen. Das Kokoswasser und das Wasser
dazugießen und alles fein pürieren.

WUSSTEN SIE SCHON, DASS…

… in Avocados
besonders viel vom
Zellschutz-Vitamin E
steckt?

31

Schützt die Hautzellen

HEIDELBEER-SMOOTHIE

mit Ingwer

PRO GLAS CA. 185 KCAL, 2 G EW, 11 G F, 18 G KH

FÜR 4 GLÄSER

2 Bananen, 125 g Heidelbeeren, 1 Scheibe Bio-Ingwer mit Schale (ca. ½ cm),
250 g Kokosmilch, ca. 250 ml Wasser

Die Bananen schälen und in Stücke schneiden.
Die Heidelbeeren waschen. Bananen, Heidelbeeren und
den Ingwer in den Mixer füllen.

Die Kokosmilch und das Wasser dazugießen
und alles fein pürieren.

WUSSTEN SIE SCHON, DASS...

... der Pflanzen-
farbstoff der Heidel-
beeren ein starkes
Antioxidans ist?

GESUNDHEITS-PLUS

Ingwer ist eines unserer ältesten Superfoods. Seit Jahrtausenden ist er das Nonplusultra in der asiatischen Küche – und in der fernöstlichen Medizin. Auch die moderne Pflanzenheilkunde schätzt ihn sehr. Er enthält neben vielen Mineralstoffen und Spurenelementen wie Kalzium, Phosphor, Magnesium und Eisen auch anregende Scharfstoffe. Sie wirken bekömmlich im Magen-Darm-Bereich und sind ein Powerschub fürs Immunsystem! Weil direkt unter der Schale die meisten Inhaltsstoffe sitzen, sollte man sie mit verwenden. Am besten ist die Schale, wenn sie möglichst frei von Rückständen ist. Bio-Ingwer ist daher die erste Wahl!

Sonnenschutz von innen

ROSA ERDBEER-SMOOTHIE

PRO GLAS CA. 70 KCAL, 1 G EW, 0 G F, 15 G KH

FÜR 4 GLÄSER

250 g Ananas, 200 g Erdbeeren, 1 EL getrocknete Gojibeeren, Cayennepfeffer, 1 EL Agavensirup, ca. 500 ml Wasser

Die Ananas schälen und mit dem Strunk in Stücke schneiden. Die Erdbeeren waschen und eventuell das Grün abzupfen (siehe Tipp). Ananas und Erdbeeren in den Mixer füllen.

Gojibeeren, 1 Prise Cayennepfeffer, Agavensirup und Wasser dazugeben und alles fein pürieren.

TIPP

Wenn Sie Bio-Erdbeeren nehmen, müssen Sie den grünen Stielansatz nicht entfernen. Im Gegenteil: Das Blattgrün liefert wertvolle Vitalstoffe und sollte in diesem Fall unbedingt mit hinein in den Mixer!

 Für samtige Haut

ERDBEERMUND-SMOOTHIE

PRO GLAS CA. 75 KCAL, 1 G EW, 1 G F, 15 G KH

FÜR 4 GLÄSER

300 g Erdbeeren, ½ Granatapfel, 1 EL getrocknete Gojibeeren, 2 getrocknete Feigen, 1 kleines Stück Rote Bete, Cayennepfeffer, gemahlener Piment, ca. 500 ml Wasser

Die Erdbeeren waschen, eventuell das Grün abzupfen (siehe Tipp links). Die Granatapfelkerne herauslösen – Vorsicht, es spritzt! Erdbeeren, Granatapfelkerne und Gojibeeren in den Mixer füllen.

Die getrockneten Feigen und die Rote Bete klein schneiden. Mit je 1 Prise Cayennepfeffer und Piment ebenfalls in den Mixer geben, das Wasser dazugießen und alles fein pürieren.

WUSSTEN SIE SCHON, DASS...

... Gojibeeren besonders reich an hautfreundlichen B-Vitaminen sind?

VIOLETTER SMOOTHIE

mit Datteln und Vanille

PRO GLAS CA. 75 KCAL, 1 G EW, 0 G F, 15 G KH

FÜR 4 GLÄSER

1 Banane, 250 g Heidelbeeren, 4 kleine getrocknete Datteln (entsteint), 1 TL Acaipulver, 1 Stück Bourbon-Vanilleschote (ca. 1 cm),
ca. 500 ml Wasser

1

Die Banane schälen und in Stücke schneiden. Die Heidelbeeren
waschen. Die Datteln etwas zerkleinern.

2

Banane, Heidelbeeren, Datteln sowie das Acaipulver und das
Stück Vanilleschote in den Mixer füllen. Das Wasser dazugießen
und alles fein pürieren.

GESUNDHEITS-PLUS

Vanilleschoten sind die Früchte einer Orchideenart, ihre Ur-heimat liegt in Mexiko. Erst nach der Ernte bildet sich ihr ätherisches Öl voll aus. Dann müssen die Schoten mehrere Monate lang trocknen und werden dabei immer dunkler. Die-sen Vorgang nennt man Fermentation, und dabei entwickeln sich in Samen und Schale der Schoten wertvolle Substanzen und Verbindungen in so großer Zahl, dass es bis heute nicht gelungen ist, mehr als nur ein paar Hundert davon zu iden-tifizieren! Diese erstaunliche Menge reicht natürlich schon vollkommen aus, um der Vanille in der sanften Medizin ihren gebührenden Platz einzuräumen. Sie gilt als hervorragendes Mittel gegen Anspannung und Stress – in Verbindung mit den hautfreundlichen Vitaminen der Datteln ergibt das eine perfekte Kombination, damit gestresste Haut wieder ihre natürliche Spannkraft erhält.

WUSSTEN SIE SCHON, DASS...

... Datteln viele B-Vitamine für Muskeln und Nerven ent-halten?

WUSSTEN SIE SCHON, DASS …

… Salbei früher als Wundermittel für ewige Jugend galt?

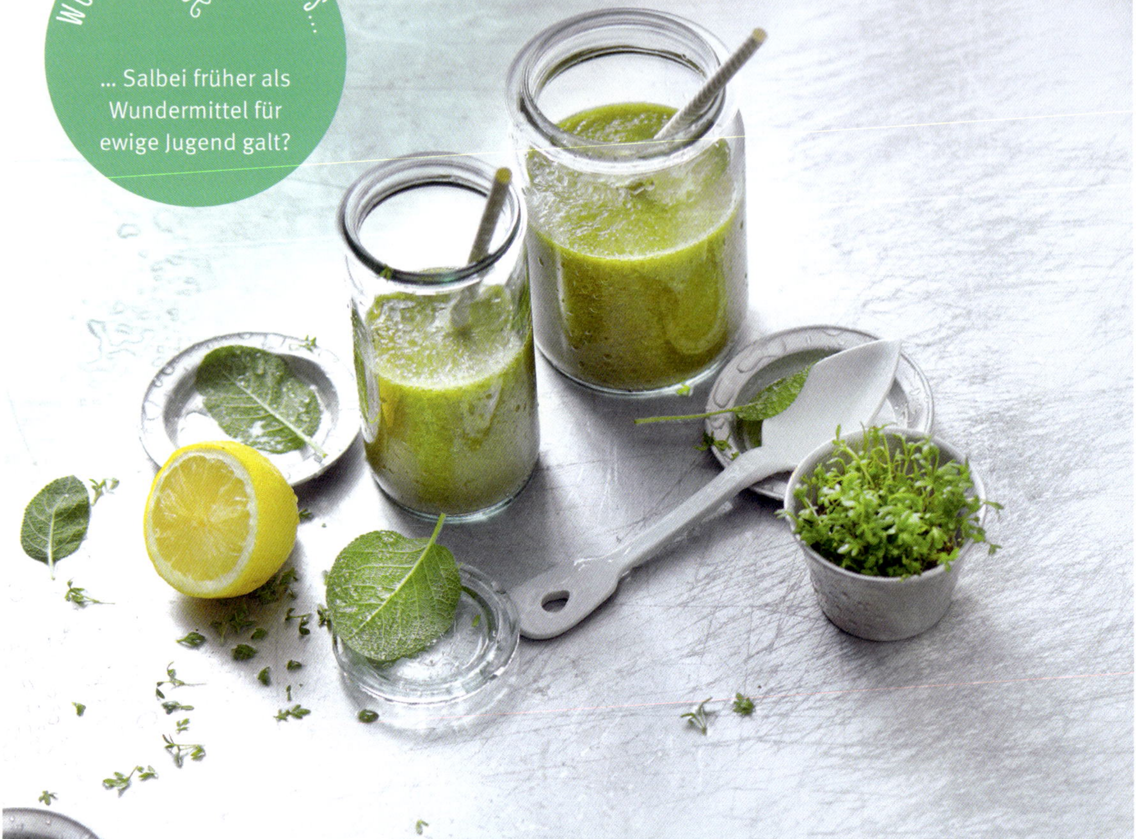

Straffend und kühlend

BIRNEN-KRESSE-SMOOTHIE

PRO GLAS CA. 50 KCAL, 1 G EW, 0 G F, 9 G KH

FÜR 4 GLÄSER

3 Birnen (ca. 400 g), 150 g Endiviensalat, 1 Handvoll Kresse, 4 Salbeiblätter, Saft und abgeriebene Schale von ½ Bio-Zitrone, ca. 500 ml Wasser

1

Die Birnen waschen, vierteln und vom Kerngehäuse befreien, aber nicht schälen. Den Salat und die Kräuter ebenfalls waschen.

2

Birnen und Kräuter mit Zitronensaft und -schale in den Mixer füllen. Die Salatblätter und das Wasser hinzufügen und alles fein pürieren.

Für strahlendes Aussehen

SKIN-CARE-SMOOTHIE

PRO GLAS CA. 30 KCAL, 1 G EW, 0 G F, 6 G KH

FÜR 4 GLÄSER

2 Birnen, 1 Stange Staudensellerie, 1 Handvoll Blattspinat, 10 Spitzwegerichblätter (ersatzweise gemischte Wildkräuter), ca. 500 ml Wasser

1

Die Birnen waschen, vierteln (nicht schälen) und das Kerngehäuse entfernen. Die Viertel in Stücke schneiden. Den Sellerie waschen und grob
zerkleinern. Spinat und Spitzwegerich verlesen und waschen.

2

Birnen, Sellerie, Spinat und Spitzwegerich in den Mixer füllen. Das
Wasser dazugießen und alles fein pürieren.

Natürliches Facelift

MANDEL-BROMBEER-SMOOTHIE

mit Gerstengras

PRO GLAS CA. 105 KCAL, 2 G EW, 2 G F, 19 G KH

FÜR 4 GLÄSER

2 Bananen, 125 g Brombeeren, 1 geh. TL Gerstengraspulver, ½ TL Zimtpulver, 250 ml Mandeldrink, ca. 250 ml Wasser

1. Die Bananen schälen und in Stücke schneiden. Die Brombeeren waschen. Beides in den Mixer füllen.

2. Das Gerstengraspulver und den Zimt hinzufügen. Mandeldrink und Wasser dazugießen und alles fein pürieren.

WUSSTEN SIE SCHON, DASS …

… Brombeeren viel hautfreundliches Vitamin E enthalten?

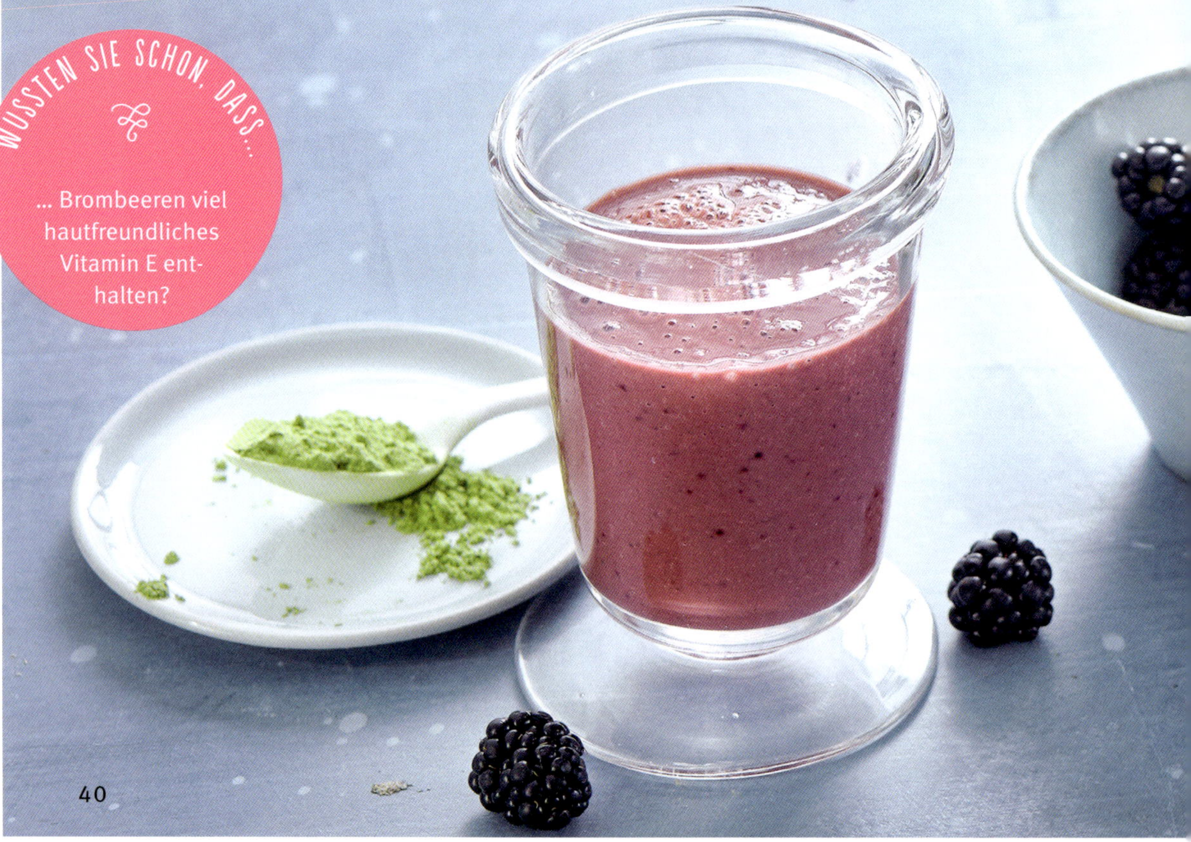

GESUNDHEITS-PLUS

Gerstengras gilt als »King of Superfoods«. Sein Gehalt an lebenswichtigen Vitalstoffen ist so hoch, dass man sie kaum alle aufzählen kann: Neben Mineralstoffen und Spurenelementen wie Kalzium, Selen, Zink und Eisen und enorm viel Vitamin C sind es vor allem die hautfreundlichen B-Vitamine und das Biotin, die echtes Anti-Aging-Potenzial haben. Biotin ist deshalb so wichtig für ein strahlendes Aussehen, weil es als Energielieferant für den Stoffwechsel der Haut gilt. Nimmt man zu wenig Biotin mit der Nahrung zu sich, zeigt sich das im Gesicht: Die Haut wirkt schlaffer und müder. Für ein jünger wirkendes Hautbild ist Biotin also ein Must!

DETOX

WANN ZEIGT SICH DER REGENBOGEN? OFT NACH DEM REGEN, WENN DER
HIMMEL SICH REIN GEWASCHEN UND DER WIND DIE SCHADSTOFFE
AUS DER LUFT GEKEHRT HAT. DAS MACHEN WIR JETZT AUCH!
KRÄUTER, ENTSCHLACKENDE GEWÜRZE UND VITALSTOFFREICHE FRÜCHTE
UND GEMÜSE WIE DATTELN ODER MANGOLD SIND UNSERE VERBÜNDETEN
BEIM INNEREN GROSSREINEMACHEN!

GREEN-DETOX-SMOOTHIE

mit Brennnesseln

PRO GLAS CA. 55 KCAL, 1 G EW, 0 G F, 11 G KH

FÜR 4 GLÄSER

1 Handvoll Spinat, 1 Handvoll Brennnesseln, 2 Handvoll helle oder dunkle Trauben,
2 Orangen, 1 kleiner Apfel, 1 Stück Bio-Ingwer mit Schale (ca. 1 cm), ca. 500 ml Wasser

Den Spinat waschen. Von den Brennnesseln die oberen
Blätter abzupfen und ebenfalls waschen. Die Trauben waschen,
die Orangen schälen. Den Apfel waschen, vierteln, vom Kerngehäuse befreien und klein schneiden.

Trauben, Orangen, Apfel, Spinat und Brennnesseln mit
dem Ingwer in den Mixer füllen. Das Wasser dazugeben und
alles fein pürieren.

WUSSTEN SIE SCHON, DASS...

... Brennnesseln
dreimal so viel Eisen
enthalten wie
Spinat?

GESUNDHEITS-PLUS

Es gibt nichts Besseres für eine Frühjahrs-Detox-Kur als
frische Brennnesseln. Den Namen »Unkraut« kann man für
sie vergessen – in Wahrheit ist es ein Wunder, was alles an
Gutem in ihnen steckt. Die sekundären Pflanzenstoffe, die
unserem Körper dabei helfen, sich von Ballast zu befreien
und schädliche Stoffe auszuleiten, sind in der Brennnessel
in Hülle und Fülle enthalten: jede Menge Chlorophyll, Kiesel-
säure, Kalium, Kalzium und Eisen zum Beispiel. Brennnesseln wirken wie ein Motor für den Stoffwechsel. Sie powern
Nieren und Harnwege und helfen der Leber, mal so richtig
aufzuräumen und alles rauszuwerfen, was dem Körper nicht
mehr guttut und ihn beschwert. Sollten Sie Brennnesseln
in Ihrem Garten haben – greifen Sie zur Schere. Und keine
Angst: Ganz junge Brennnesseln piksen überhaupt nicht!

TURBO-DETOX-SMOOTHIE

PRO GLAS CA. 25 KCAL, 0 G EW, 0 G F, 4 G KH

FÜR 4 GLÄSER

4 Stängel Brennnesseln, 4 Löwenzahnblätter, 200 g Salatgurke, 1 Birne, 1 Scheibe Bio-Zitrone mit Schale, 1 Stück Bio-Ingwer mit Schale (ca. 1 cm), Pfeffer, ca. 500 ml Wasser

Von den Brennnesseln die obersten Blätter abzupfen und waschen. Löwenzahn ebenfalls waschen. Die Gurke waschen und mit der Schale in Stücke schneiden. Die Birne waschen, vierteln, vom Kerngehäuse befreien und ebenfalls in Stücke schneiden. Gurke und Birne in den Mixer füllen, Brennnesseln und Löwenzahn dazugeben.

Die Zitronenscheibe, den Ingwer und frisch gemahlenen schwarzen Pfeffer hinzufügen. Das Wasser dazugießen und alle Zutaten fein pürieren.

TIPP

Löwenzahnblätter enthalten wertvolle Bitterstoffe. Sie unterstützen die Funktionen der Leber und helfen ihr, Gallensaft zu bilden, der wichtig für den Fettstoffwechsel ist.

Gegen Magen-Darm-Keime

POWER-DETOX-SMOOTHIE

PRO GLAS CA. 50 KCAL, 0 G EW, 1 G F, 11 G KH

FÜR 4 GLÄSER

250 g Ananas, 4 Stängel Brennnesseln, 4 Stängel Basilikum, 250 ml Kokoswasser, ca. 250 ml Wasser

1

Die Ananas schälen und mit Strunk klein schneiden. Von den Brennnesseln die obersten Blätter abzupfen und waschen. Basilikum waschen und die Blätter abzupfen. Alles in den Mixer füllen.

2

Kokoswasser und Wasser dazugießen und alles fein pürieren.

WUSSTEN SIE SCHON, DASS...

... im ätherischen Öl von Basilikum antibakterielle Substanzen stecken?

Unterstützt Entgiftungsprozesse

BLACK-SWAN-SMOOTHIE

mit Aktivkohle

PRO GLAS CA. 105 KCAL, 2 G EW, 0 G F, 22 G KH

FÜR 4 GLÄSER

2 Bananen, ½ Zitrone, 2 Orangen, ½ Grapefruit, 1 Tablette Aktivkohle, ca. 500 ml Wasser

Die Bananen schälen und in Stücke schneiden. Die halbe
Zitrone, die Orangen und die halbe Grapefruit schälen und
ebenfalls in Stücke schneiden.

Die zerkleinerten Früchte mit der Aktivkohle in den Mixer füllen.
Das Wasser dazugießen und alles fein pürieren.

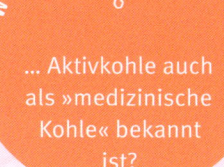

WUSSTEN SIE SCHON, DASS...

... Aktivkohle auch als »medizinische Kohle« bekannt ist?

GESUNDHEITS-PLUS

Aktivkohle ist seit langer Zeit ein geschätztes Mittel in der Medizin, um den Körper dabei zu unterstützen, Giftstoffe loszuwerden. Sie wird größtenteils aus Pflanzen gewonnen und oft auch »Pflanzenkohle« genannt. Wegen ihrer besonderen Eigenschaften kann sie Schad- und Giftstoffe, aber auch Viren und Bakterien binden, die der Körper zusammen mit der Aktivkohle ausscheidet. Diese Wirkung ist vielen vermutlich von Durchfallerkrankungen bekannt, gegen die oft Kohletabletten verschrieben werden. In den USA hat sich daraus ein neuer Detox-Trend entwickelt: »Activated Charcoal Power Shakes«. Die Turbo-Detox-Drinks pushen Entgiftungsprozesse im Körper. Für ein paar Tage lässt sich das durchaus machen, aber man sollte dabei Rücksprache mit dem Hausarzt halten – vor allem, wenn man Medikamente nimmt.

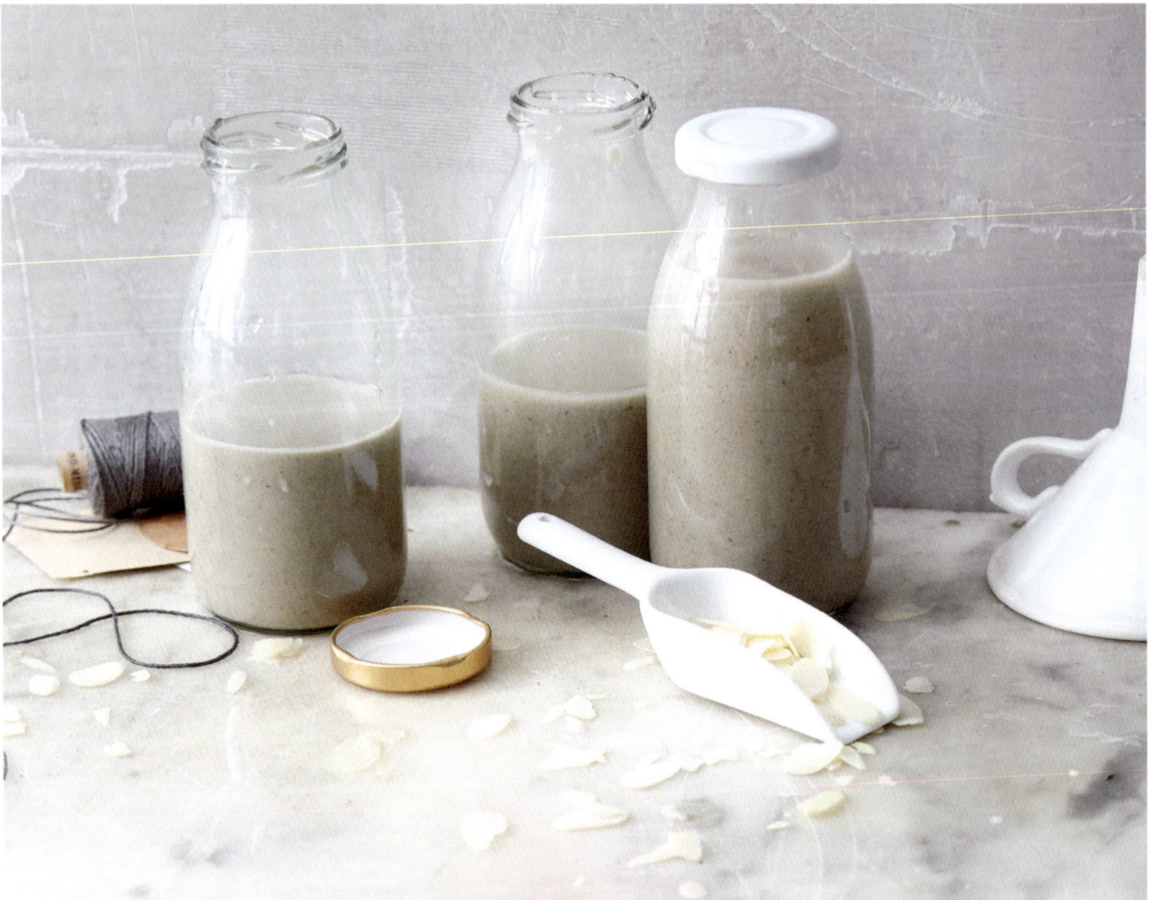

Detox für den Darm

DATING MR. GREY

PRO GLAS CA. 180 KCAL, 5 G EW, 12 G F, 16 G KH

FÜR 4 GLÄSER

10 kleine getrocknete Datteln (entsteint), 1 Tablette Aktivkohle, 80 g Mandelblättchen, 1 Stück Bourbon-Vanilleschote (ca. 2 cm), 250 ml Kokoswasser, ca. 250 ml Wasser

1

Die Datteln in Stücke schneiden und in den Mixer füllen. Die Aktivkohle, die Mandelblättchen und das Stück Vanilleschote ebenfalls in den Mixer geben.

2

Das Kokoswasser und das Wasser dazugießen und alles fein pürieren.

WUSSTEN SIE SCHON, DASS…

… der Pfefferscharf-
stoff Piperin die
Leber unterstützen
kann?

Leber-Darm-Detox

BLACK-GARDEN-SMOOTHIE

PRO GLAS CA. 50 KCAL, 1 G EW, 0 G F, 9 G KH

FÜR 4 GLÄSER

1 Handvoll Spinat, 200 g süße helle Trauben, ½ Salatgurke,
50 g Staudensellerie, 1 Tablette Aktivkohle, Pfeffer, 2 EL Zitronensaft,
ca. 500 ml Wasser

Spinat und Trauben waschen. Die halbe Gurke und den Staudensellerie
waschen und in Stücke schneiden, Gurke nicht schälen!

Alle Zutaten mit der Aktivkohle und frisch gemahlenem schwarzen Pfeffer in den Mixer füllen. Den Zitronensaft und das Wasser dazugeben
und alles fein pürieren.

MINZE-AVOCADO-SMOOTHIE

mit Sternanis

PRO GLAS CA. 95 KCAL, 2 G EW, 7 G F, 6 G KH

FÜR 4 GLÄSER

2 Orangen, ½ Avocado, 3 Stängel Minze, 2 Handvoll Brennnesseln, 1 Sternanis, 1 dünne Bio-Limettenscheibe mit Schale, ca. 500 ml Wasser

Die Orangen schälen und klein schneiden. Die halbe Avocado vom Kern befreien und das Fruchtfleisch aus der Schale lösen. Mit den Orangenstücken in den Mixer geben.

Die Minze waschen und die Blätter abzupfen. Von den Brennnesseln die obersten Blätter abzupfen und waschen. Minze, Brennnesseln, Sternanis im Ganzen und die Limettenscheibe in den Mixer geben. Das Wasser dazugießen und alles fein pürieren.

WUSSTEN SIE SCHON, DASS...

... Minze in der Pflan-
zenheilkunde als
Magen-Darm-Mittel
gilt?

GESUNDHEITS-PLUS

Sternanis ist wirklich ein »Star« – und zwar in der Traditionellen Chinesischen Medizin. Sie schwört seit Jahrtausenden auf die vielfältigen positiven Eigenschaften dieses
Gewürzes. Besonders wertvoll ist sein ätherisches Öl. Es
steckt nicht nur in den Samenkörnern, sondern auch in der
sternförmigen Fruchtkapsel. Die Pflanzenheilkunde setzt
auf seine anregenden Effekte im Magen-Darm-Bereich.
Insbesondere geht man davon aus, dass er die Bildung der
Magensäfte fördern kann. Auch Nieren und Blase können
von den stoffwechselunterstützenden Substanzen des
ätherischen Öls profitieren. Sternanis ist also perfekt für die
sanfte Detox-Kur für Magen und Darm. Und weil er außerdem
leicht erfrischend wirkt, passt er wunderbar zu den ersten
Powerdrinks, gerade im beginnenden Frühling!

BELLA-ITALIA-SMOOTHIE

mit Basilikum

PRO GLAS CA. 40 KCAL, 1 G EW, 0 G F, 7 G KH

FÜR 4 GLÄSER

4 Kiwis, 1 Birne, 1 Handvoll Brennnesseln, 4 Stängel Basilikum, 1 Handvoll Spinat, Saft von ½ Zitrone, ca. 500 ml Wasser

Die Kiwis schälen und in Stücke schneiden. Die Birne waschen, vierteln, vom Kerngehäuse befreien und in Stücke schneiden. Beides in den Mixer füllen. Von den Brennnesseln die oberen Blätter abzupfen und waschen. Basilikum waschen und die Blätter abzupfen. Den Spinat ebenfalls waschen.

Brennnesseln, Basilikum und Spinat mit dem Zitronensaft in den Mixer geben. Das Wasser dazugießen und alles fein pürieren.

— GESUNDHEITS-PLUS —

Die über 60 Basilikum-Sorten, die weltweit bekannt sind, teilen sich in zwei Gruppen: in die indisch-asiatischen, die dort seit Jahrtausenden beheimatet sind – und in die mediterranen. In Bella Italia wurde Basilikum zwar erst vergleichsweise spät bekannt, als die antiken Römer durch den Kontakt mit den Griechen auf den Geschmack kamen. Aber dafür legte es dort dann eine steile Karriere hin! Und das vermutlich nicht nur wegen seines umwerfenden Aromas, sondern weil es spürbar gut tut. Sein ätherisches Öl wird in der traditionellen Pflanzenheilkunde als magenfreundlich eingestuft. Es soll leichten Magen-Darm-Beschwerden vorbeugen helfen. Die gesundheitlichen Benefits der wohlriechenden Blätter kommen übrigens am besten zur Geltung, wenn sie frisch sind. Sobald man sie erhitzt, geht die Wirkung verloren. Der Smoothie ist also die beste Verwertung!

WUSSTEN SIE SCHON, DASS...

... Basilikum ursprünglich nicht aus Italien, sondern aus Indien stammt?

Bei schadstoffbelasteter Luft

ANANAS-KORIANDER-SMOOTHIE

PRO GLAS CA. 105 KCAL, 3 G EW, 4 G F, 14 G KH

FÜR 4 GLÄSER

2 Pfirsiche, 200 g Ananas, 3 Stängel Koriandergrün, 1 TL Kokosöl, 250 ml Milch (z.B. Kuhmilch oder Sojadrink), ca. 250 ml Wasser

1

Die Pfirsiche waschen, halbieren und den Stein entfernen. Pfirsiche mit der Haut in Stücke schneiden. Die Ananas schälen und mit dem Strunk klein schneiden. Den Koriander waschen und die Blätter abzupfen.

2

Pfirsich, Ananas und Koriander mit dem Kokosöl, der Milch und dem Wasser in den Mixer füllen und fein pürieren.

TIPP

Koriandergrün ist eines der stärksten Antioxidanzien unter den Kräutern. Darüber hinaus wirkt es appetitanregend und verdauungsfördernd.

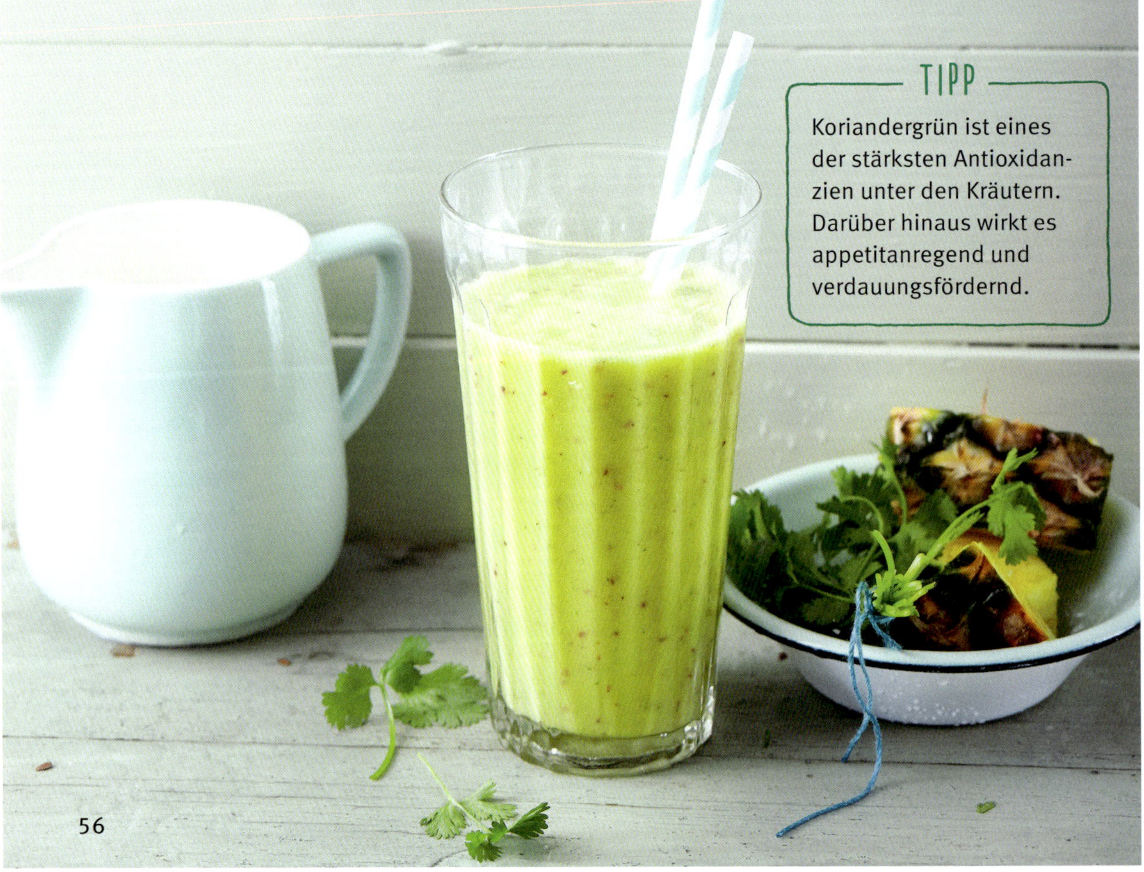

Detox-Beschleuniger

MANGOLD-GRÜNTEE-SMOOTHIE

PRO GLAS CA. 40 KCAL, 2 G EW, 0 G F, 7 G KH

FÜR 4 GLÄSER

175 g Ananas, 1 Orange, 200 g zarte Mangoldblätter, 1 Handvoll Kresse,
1 EL Zitronensaft, 500 ml kalter grüner Tee

1

Die Ananas schälen und mit dem Strunk in Stücke schneiden. Die Orange ebenfalls schälen und in Stücke schneiden. Die Mangoldblätter und
die Kresse waschen.

2

Ananas, Orange, Mangold und Kresse in den Mixer füllen. Den Zitronensaft und den grünen Tee dazugießen und alles fein pürieren.

WUSSTEN SIE SCHON, DASS...

... grüner Tee einer
der mächtigsten
Radikalfänger unter
den Antioxidanzien
ist?

GREEN-COCONUT-SMOOTHIE

mit Ingwer

PRO GLAS CA. 135 KCAL, 1 G EW, 7 G F, 21 G KH

FÜR 4 GLÄSER

2 Handvoll Spinat, 1 Banane, 1 Mango, 2 EL Kokosöl, 1 Stück Bio-Ingwer
mit Schale (ca. 2 cm), 500 ml Kokoswasser

Den Spinat waschen. Die Banane schälen und in Stücke schneiden. Die Mango ebenfalls schälen und das Fruchtfleisch vom
Stein schneiden.

Spinat, Banane und Mango mit Kokosöl und Ingwer in den Mixer
füllen. Das Kokoswasser dazugeben und alles fein pürieren.

GESUNDHEITS-PLUS

Dass Spinat gesund ist, ist nicht nur eine Redensart. Er ist sogar supergesund! Er versorgt uns unter anderem mit Vitamin K, Eisen und Folsäure, Kalium und Mangan. Letzteres ist zum Beispiel unverzichtbar für den Eiweiß- und Fettstoffwechsel. Und wird vom Körper benötigt, um zellschützende Enzyme zu bilden. Es steht also in einer ganzen Reihe wichtiger Antioxidanzien, die der Körper braucht, damit sich die Zellen mithilfe von Enzymen gegen schädliche Umwelteinflüsse zur Wehr setzen können.

WUSSTEN SIE SCHON, DASS…

… die Scharfstoffe im Ingwer gut für Magen und Darm sein können?

WUSSTEN SIE SCHON, DASS...

... Kurkuma Vitalstoffe enthält, die die Verdauungsorgane stärken?

Für Magen, Leber, Galle

KORIANDER-KURKUMA-SMOOTHIE

PRO GLAS CA. 55 KCAL, 1 G EW, 1 G F, 10 G KH

FÜR 4 GLÄSER

1 Banane, ½ Mango, 2 Stängel Koriandergrün, 1 TL Kokosöl, 2 TL gemahlene Kurkuma, ca. 500 ml Wasser

Die Banane schälen und in Stücke schneiden. Die halbe Mango schälen und das Fruchtfleisch vom Stein schneiden. Banane und Mango in den Mixer geben.

Den Koriander waschen und die Blätter abzupfen. Mit dem Kokosöl und der Kurkuma ebenfalls in den Mixer geben, das Wasser dazugießen und alles fein pürieren.

TIPP

Gundermann ist bei uns auch als Gundelrebe bekannt. Besonders stark wirkt er zur Zeit der Blüte. Dann sind die Blätter ein Füllhorn wertvoller sekundärer Pflanzenstoffe, darunter sogar Vitamin C und Mineralstoffe wie Kalium. Der perfekte Fitnesskick für zwischendurch!

Detox auf die Schnelle

HIMBEER-GUNDERMANN-SMOOTHIE

PRO GLAS CA. 100 KCAL, 4 G EW, 3 G F, 14 G KH

FÜR 4 GLÄSER

400 g Himbeeren, 1 Handvoll Brennnesseln, 1 Handvoll Gundermann, 2 EL Agavensirup, 250 ml Milch (z. B. Kuhmilch oder Sojadrink), 250 ml Wasser

Die Himbeeren waschen. Von den Brennnesseln die oberen Spitzen abzupfen und waschen. Den Gundermann waschen und die Blätter abzupfen.

Himbeeren, Brennnesseln und Gundermann in den Mixer füllen. Agavensirup, Milch und Wasser dazugeben und alles fein pürieren.

MRS.-GIERSCH-SMOOTHIE

mit Apfel

PRO GLAS CA. 60 KCAL, 1 G EW, 0 G F, 13 G KH

FÜR 4 GLÄSER

1 Banane, 1 Orange, 1 Apfel, 1 Handvoll Spinat, 1 Handvoll Giersch, ca. 500 ml Wasser

1

Die Banane und die Orange schälen und in Stücke schneiden. Den Apfel waschen, vierteln, vom Kerngehäuse befreien und klein schneiden. Banane, Orange und Apfel in den Mixer füllen.

2

Den Spinat und den Giersch waschen, die Blätter vom Giersch abzupfen und mit dem Spinat in den Mixer füllen. Das Wasser dazugießen und alles fein pürieren.

GESUNDHEITS-PLUS

Die zarten Gierschblätter erleben seit einiger Zeit ein fulminantes Comeback. Nicht als Unkraut – sondern als wohltuendes Geschenk der Natur. Denn wir entdecken gerade neu, was früher allgemein bekannt war. Nämlich, dass Gierschblätter keine unliebsamen Gäste in unserem Garten sein müssen, sondern hochwillkommene, hübsch blühende Pflänzchen, die uns unterstützen, wenn wir uns frischer, leichter und unbeschwerter fühlen möchten. Gierschblätter enthalten sekundäre Pflanzenstoffe, die als entwässernd gelten und die die entgiftenden, ausleitenden Funktionen der Nieren unterstützen. Ideal also, wenn wir endlich loswerden wollen, was unseren Körper unnötig belastet!

WUSSTEN SIE SCHON, DASS...

... man mit Gierschblättern früher sogar Rheuma linderte?

STOFFWECHSEL AKTIVIEREN

DEN TAG MIT ELAN STARTEN UND BIS IN DEN ABEND GUT DRAUF SEIN:
DABEI HELFEN UNS VITALSTOFFE, DIE UNS MIT ALLEM VERSORGEN,
WAS LAUNE MACHT! UND WEIL FARBEN DIE PURE ENERGIE SIND,
GENIESSEN WIR JETZT DAS GRÜN VON GERSTENGRAS UND LÖWENZAHN,
DAS EDLE GELB DES SAFRANS UND DAS SONNIGE ORANGE DER MANGOS.
BUNTE REGENBOGENPOWER, DIE UNSEREM STOFFWECHSEL
SANFTEN SCHWUNG VERLEIHT!

Blutzucker in Balance

GURKEN-BÄRLAUCH-SMOOTHIE

mit Trauben

PRO GLAS CA. 60 KCAL, 1 G EW, 0 G F, 12 G KH

FÜR 4 GLÄSER

½ Salatgurke, 1 Apfel, 200 g helle oder dunkle Trauben, 3 Stängel Basilikum, 2 Bärlauchblätter, 2 EL Zitronensaft, ca. 500 ml Wasser

1

Die halbe Gurke, den Apfel und die Trauben waschen, die Gurke mit der Schale in Stücke schneiden. Den Apfel vierteln, vom Kerngehäuse befreien und klein schneiden.

2

Basilikum und Bärlauch waschen. Die Basilikumblätter abzupfen. Gurke, Apfel, Trauben, Basilikum und Bärlauch in den Mixer füllen. Den Zitronensaft und das Wasser dazugeben und alles fein pürieren.

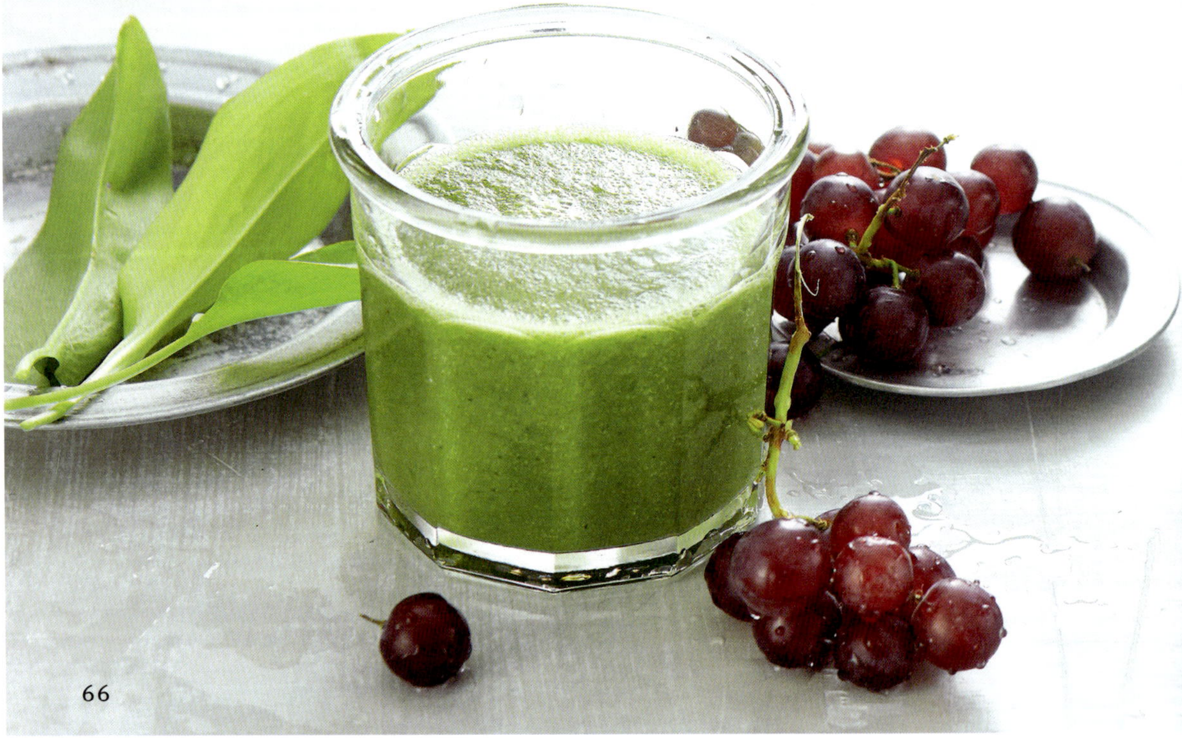

GESUNDHEITS-PLUS

Auf einer Hitliste der ältesten Heilkräuter würde der Bärlauch wohl an erster Stelle stehen. Der Verwandte von Lauch und Schnittlauch, Knoblauch und Zwiebeln war früher bei uns unter dem Namen »Gesundheitskraut« bekannt. Im Frühling, vor der Blüte, sind die Blätter pure Vitalstoffpower: Sie stecken voll wertvoller sekundärer Pflanzenstoffe, darunter Vitamine, Mineralstoffe und Spurenelemente wie Kalium, Zink und Mangan. Am deutlichsten machen sich die schwefelhaltigen Verbindungen bemerkbar. Sie sorgen dafür, dass Bärlauch ähnlich duftet und schmeckt wie Knoblauch. Und wie beim Knoblauch setzt man in der Naturheilkunde auf das blutzuckersenkende Potenzial dieses ätherischen Öls. Da es mit Sauerstoff reagiert, entfaltet es immer seine größte Kraft, wenn man die Blätter klein schneidet oder zupft. Der Mixer ist also das ideale Mittel zum Aufschließen der inneren Werte dieses powervollen Frühlingsbotens!

WUSSTEN SIE SCHON, DASS...

...die Wirkung der Bärlauchblätter vor der Blüte am größten ist?

MANGO-TANGO-SMOOTHIE

mit Koriander

PRO GLAS CA. 40 KCAL, 0 G EW, 0 G F, 7 G KH
FÜR 4 GLÄSER
1 Mango, 100 g Papaya, 1 Stängel Koriandergrün, ½ Limette,
½ Chilischote mit Kernen, ca. 500 ml Wasser

Die Mango schälen und das Fruchtfleisch vom Stein schneiden.
Die Papaya ebenfalls schälen, die Kerne mit einem Löffel heraus-
kratzen und beide Früchte zerkleinern. Den Koriander waschen
und die Blätter abzupfen. Die Limette schälen, die Chili waschen.

Mango und Papaya mit dem Koriander, der Limette und der
halben Chilischote in den Mixer füllen. Das Wasser dazugießen
und alles fein pürieren.

... Koriander schon
in der Zeit um 9000
v. Chr. als Gewürz
bekannt war?

GESUNDHEITS-PLUS

Das ätherische Öl in den Blättern und Stängeln der Korian-
derpflanze enthält Verbindungen und Substanzen, die auch
in der Petersilie vorkommen. Deshalb wird Koriandergrün
manchmal auch als »Chinesische Petersilie« bezeichnet.
Während in den Korianderkörnern das ätherische Öl hoch-
konzentriert ist, wirkt es in den Blättern etwas milder – und
entfaltet auch ein etwas anderes, blumigeres Aroma. Am
besten können wir von der vitalen Kraft ihrer sekundären
Pflanzenstoffe profitieren, wenn die Korianderblätter ganz
frisch und richtig schön saftig sind!

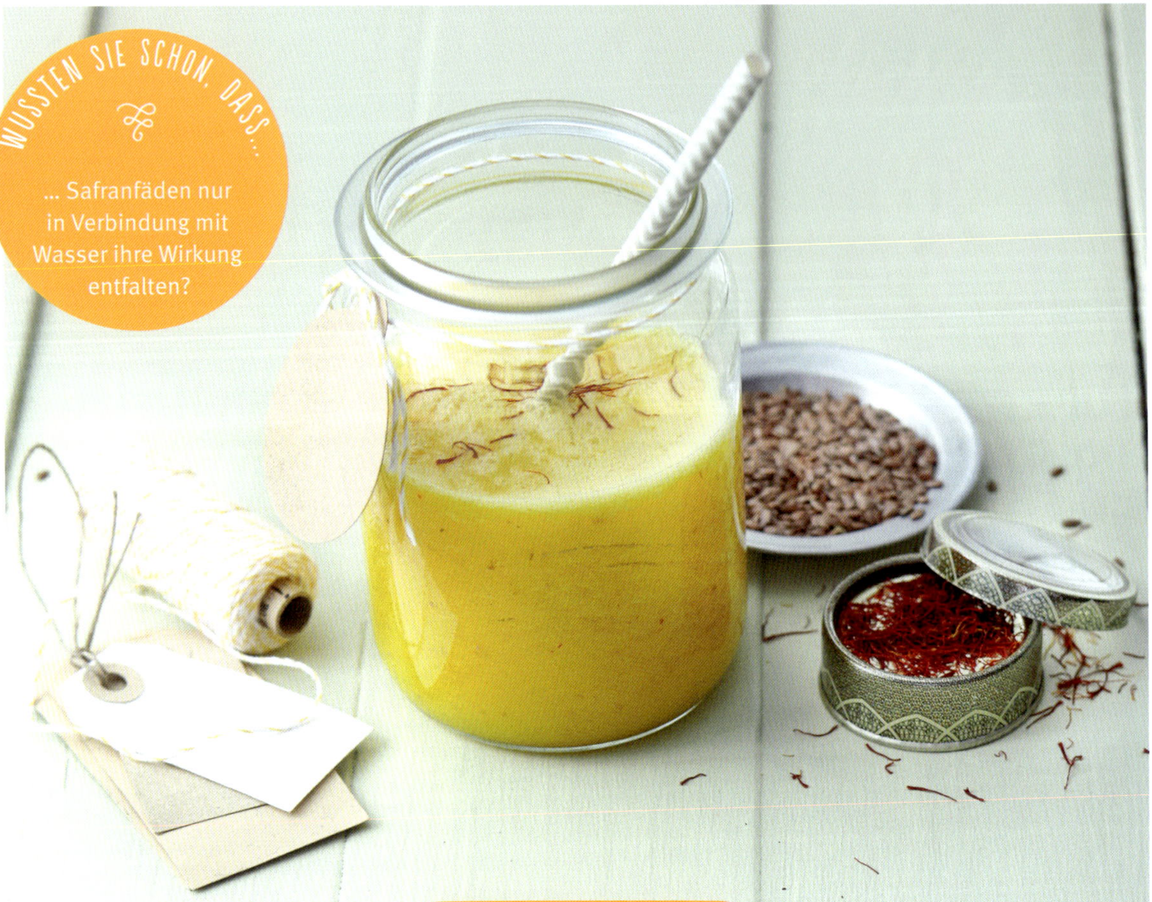

WUSSTEN SIE SCHON, DASS ...

... Safranfäden nur in Verbindung mit Wasser ihre Wirkung entfalten?

Regt den Stoffwechsel an

SAFRAN-ANANAS-SMOOTHIE

PRO GLAS CA. 60 KCAL, 1 G EW, 1 G F, 12 G KH

FÜR 4 GLÄSER

2 Orangen, 200 g Ananas, 1 kleine Chilischote, 4 Safranfäden, 1 TL Leinsamen, ca. 500 ml Wasser

1

Die Orangen und die Ananas schälen und in Stücke schneiden, den Strunk von der Ananas ebenfalls verwenden. Die Chilischote waschen und nach Belieben entkernen. Alles in den Mixer füllen.

2

Den Safran und die Leinsamen hinzufügen. Das Wasser dazugießen und alles fein pürieren.

TIPP

Leinsamen sind Minis mit Maxi-Effekt. Sie enthalten Vitamin E, Kalzium und Eisen und jede Menge wertvoller Ballaststoffe. Sie regen den Darm an und sättigen nachhaltig. Je stärker sie zerkleinert sind, desto größer ist die Wirkung. Der Smoothie-Mix ist also perfekt!

Gegen überflüssige Pfunde

KIWI-BANANEN-SMOOTHIE

PRO GLAS CA. 55 KCAL, 1 G EW, 1 G F, 10 G KH

FÜR 4 GLÄSER

1 Banane, 3 Kiwis, 1 Handvoll Giersch, 1 TL Leinsamen, ca. 500 ml Wasser

Die Banane schälen und in Stücke schneiden. Die Kiwis schälen und in grobe Stücke schneiden. Den Giersch waschen und die Blätter abzupfen.

Bananen- und Kiwistücke, Giersch und Leinsamen in den Mixer füllen, das Wasser dazugießen und alle Zutaten fein pürieren.

SCANDINAVIAN-SMOOTHIE

mit Buttermilch

PRO GLAS CA. 40 KCAL, 3 G EW, 1 G F, 5 G KH

FÜR 4 GLÄSER

1 Salatgurke, 1 Handvoll Dill, 2 Bärlauchblätter, 1 EL Zitronensaft, Meersalz,
250 ml Buttermilch, ca. 200 ml Wasser, 1 Handvoll Eiswürfel

Die Gurke waschen und mit der Schale in Stücke schneiden. Dill
und Bärlauch waschen, vom Dill die Spitzen abzupfen. Gurke, Dill,
Bärlauch, Zitronensaft und 1 Prise Meersalz in den Mixer füllen.

Die Buttermilch und das Wasser dazugießen, die
Eiswürfel hinzufügen und alles fein pürieren.

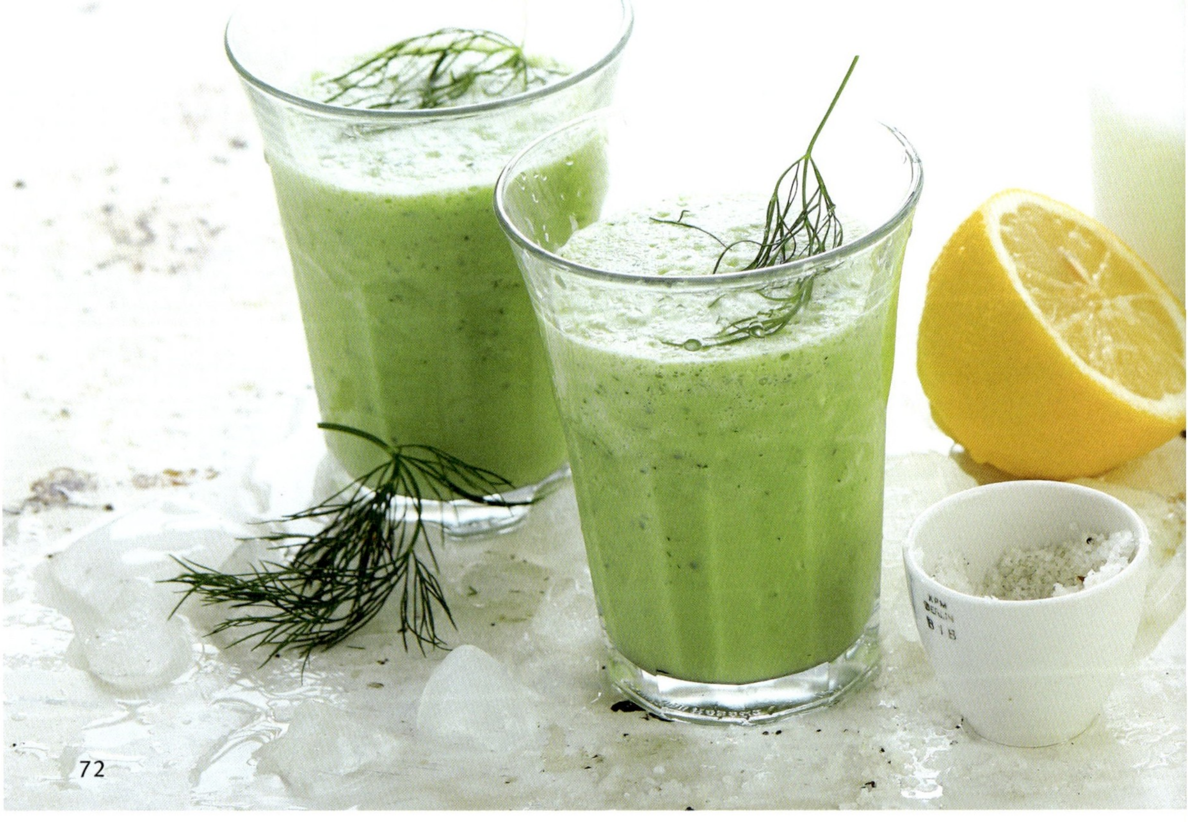

WUSSTEN SIE SCHON, DASS …

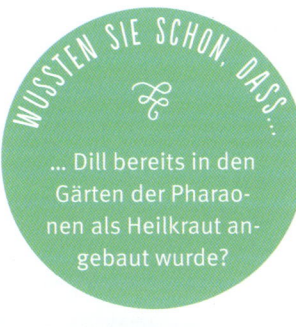

… Dill bereits in den Gärten der Pharaonen als Heilkraut angebaut wurde?

GESUNDHEITS-PLUS

Dill ist mit Anis und Kümmel verwandt und hat ähnliche Gesundheits-Benefits. Seine feinen Blätter enthalten ein kräftiges ätherisches Öl mit der Komponente Carvon. Bei Stoffwechselprozessen im Magen-Darm-Bereich legt es echte Leader-Qualitäten an den Tag: Es unterstützt die Produktion der Verdauungssäfte, mildert leichte Reizungen und trägt zur Balance des Verdauungsstoffwechsels bei.

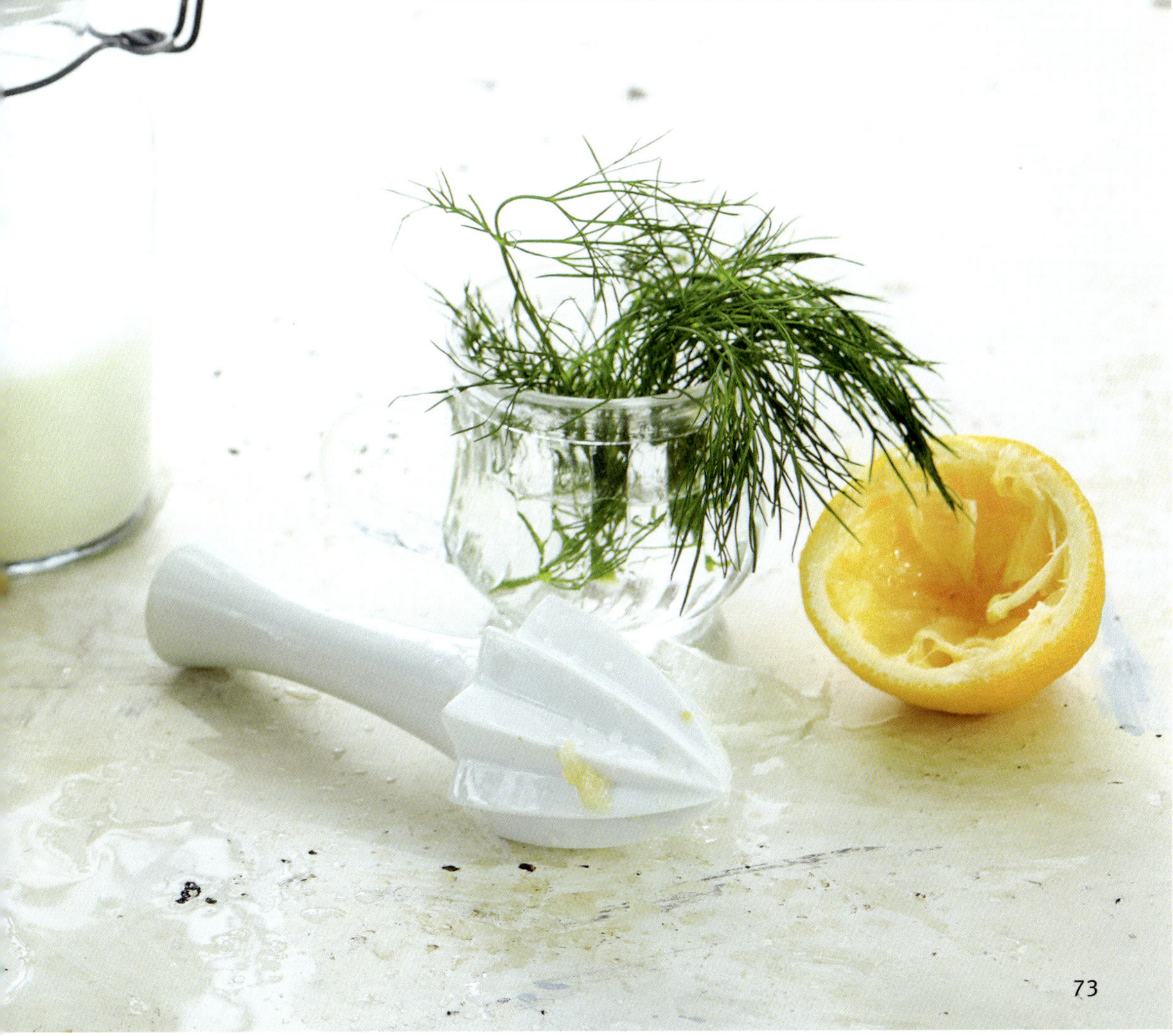

Sanft bei Stressmagen

PFLAUMEN-NELKEN-SMOOTHIE

PRO GLAS CA. 95 KCAL, 1 G EW, 3 G F, 15 G KH

FÜR 4 GLÄSER

1 Apfel, 200 g Pflaumen, 2 Gewürznelken, 1 TL Zimtpulver,
500 ml Mandeldrink

1

Den Apfel und die Pflaumen waschen. Den Apfel vierteln, vom Kerngehäuse befreien und in Stücke schneiden. Die Pflaumen halbieren und
den Stein entfernen. Die Hälften etwas kleiner schneiden.

2

Das Obst in den Mixer füllen. Die Gewürznelken im Ganzen und den Zimt
dazugeben, den Mandeldrink dazugießen und alles fein pürieren.

TIPP

Das ätherische Öl der
Gewürznelken gilt als
einer der stärksten Ra-
dikalenfänger unter den
sekundären Pflanzenstof-
fen. Seine Gerbstoffe und
Wirkkomponenten lindern
angenehm bei gestress-
tem Magen und Darm.

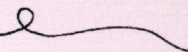

Pusht Leber und Galle

GRÜNTEE-PFLAUMEN-SMOOTHIE

PRO GLAS CA. 90 KCAL, 3 G EW, 2 G F, 14 G KH

FÜR 4 GLÄSER

200 g Pflaumen, 100 g Feldsalat, frisch geriebene Muskatnuss, 2 EL Agavensirup, 250 ml grüner Tee, 250 ml Milch (z. B. Kuhmilch oder Sojadrink)

Die Pflaumen waschen, halbieren und entsteinen. In Stücke
schneiden. Den Feldsalat gründlich waschen und die Blättchen
voneinander trennen. Pflaumen, 2 Prisen Muskatnuss und
den Agavensirup in den Mixer füllen.

Den Feldsalat hinzufügen, den grünen Tee und die Milch
dazugießen und alles fein pürieren.

Sanft entwässernd

BLOODY-MARY-SMOOTHIE

mit Pfeffer

PRO GLAS CA. 60 KCAL, 3 G EW, 2 G F, 6 G KH

FÜR 4 GLÄSER

4 Tomaten, 2 Stangen Staudensellerie, 1 kleine Chilischote, Salz, Pfeffer, 250 ml Milch (z. B. Kuhmilch oder Sojadrink), ca. 250 ml Wasser

1

Die Tomaten waschen und die Stielansätze entfernen. Tomaten in Stücke schneiden. Den Sellerie ebenfalls waschen und klein schneiden. Beides in den Mixer füllen.

2

Die Chilischote waschen und je nach gewünschter Schärfe die Kerne entfernen. In den Mixer geben. 1 Prise Salz und frisch gemahlenen schwarzen Pfeffer nach Geschmack hinzufügen. Die Milch und das Wasser dazugießen und alle Zutaten fein pürieren.

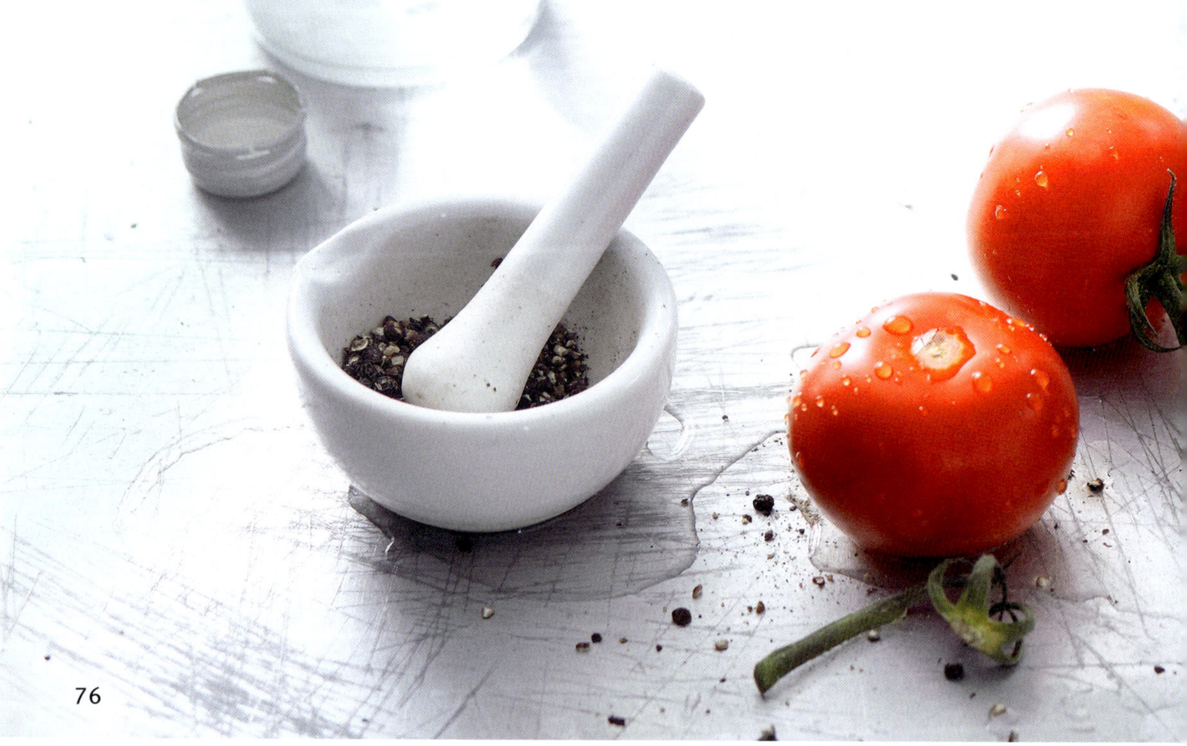

── GESUNDHEITS-PLUS ──

Pfefferkörner haben es wirklich in sich! Und das nicht nur wegen ihrer Schärfe, sondern weil ihr ätherisches Öl mit dem Scharfstoff Piperin noch viel mehr kann. Die Naturheilkunde weiß das schon lange zu schätzen. Nicht umsonst setzt die Traditionelle Chinesische Medizin seit Jahrtausenden auf den Pfeffer, wenn es darum geht, Leber und Galle zu unterstützen und die Durchblutung anzuregen. Ein funktionierender Stoffwechsel ist der beste Schutzwall gegen Erkrankungen. Weil er dafür sorgt, dass schädliche Stoffe ausgeleitet werden und unseren Körper nicht mehr belasten.

WUSSTEN SIE SCHON, DASS...

... Sellerie entwässernd wirkt und das perfekte Detox-Gemüse ist?

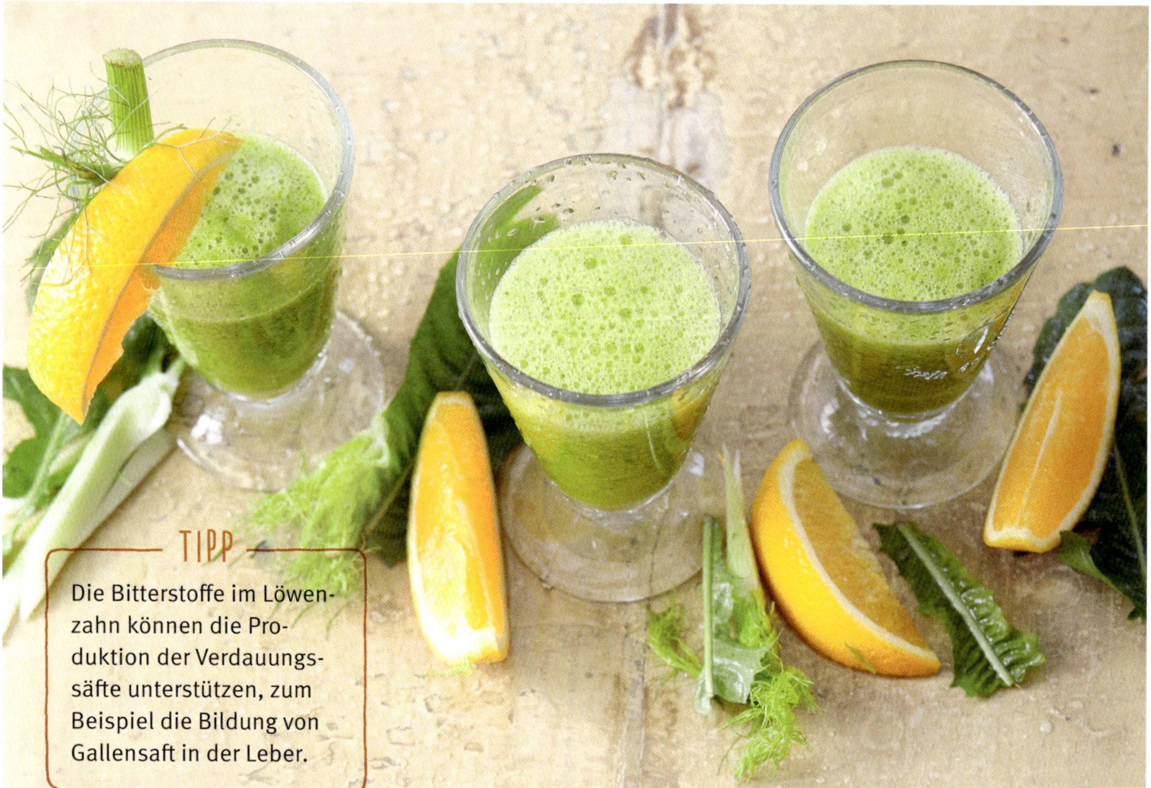

TIPP

Die Bitterstoffe im Löwenzahn können die Produktion der Verdauungssäfte unterstützen, zum Beispiel die Bildung von Gallensaft in der Leber.

Wohltuende Bitterstoffe

AMARONE-SMOOTHIE

PRO GLAS CA. 75 KCAL, 3 G EW, 1 G F, 14 G KH

FÜR 4 GLÄSER

4 Orangen, 2 Stangen Staudensellerie, ½ Fenchelknolle, 10 Löwenzahnblätter, 1 Handvoll Blattspinat, 1 Stück Aloe-vera-Blatt (ca. 4 cm), ca. 500 ml Wasser

1

Die Orangen schälen und klein schneiden. Den Staudensellerie und den Fenchel waschen und in Stücke schneiden. Alles in den Mixer füllen.

2

Löwenzahn und Spinat waschen. Das Aloe-vera-Blatt schälen und mit Löwenzahn und Spinat in den Mixer geben. Das Wasser dazugießen und alles fein pürieren.

WUSSTEN SIE SCHON, DASS ...

... in Wein gelöster Safran in der Antike als Magenlikör begehrt war?

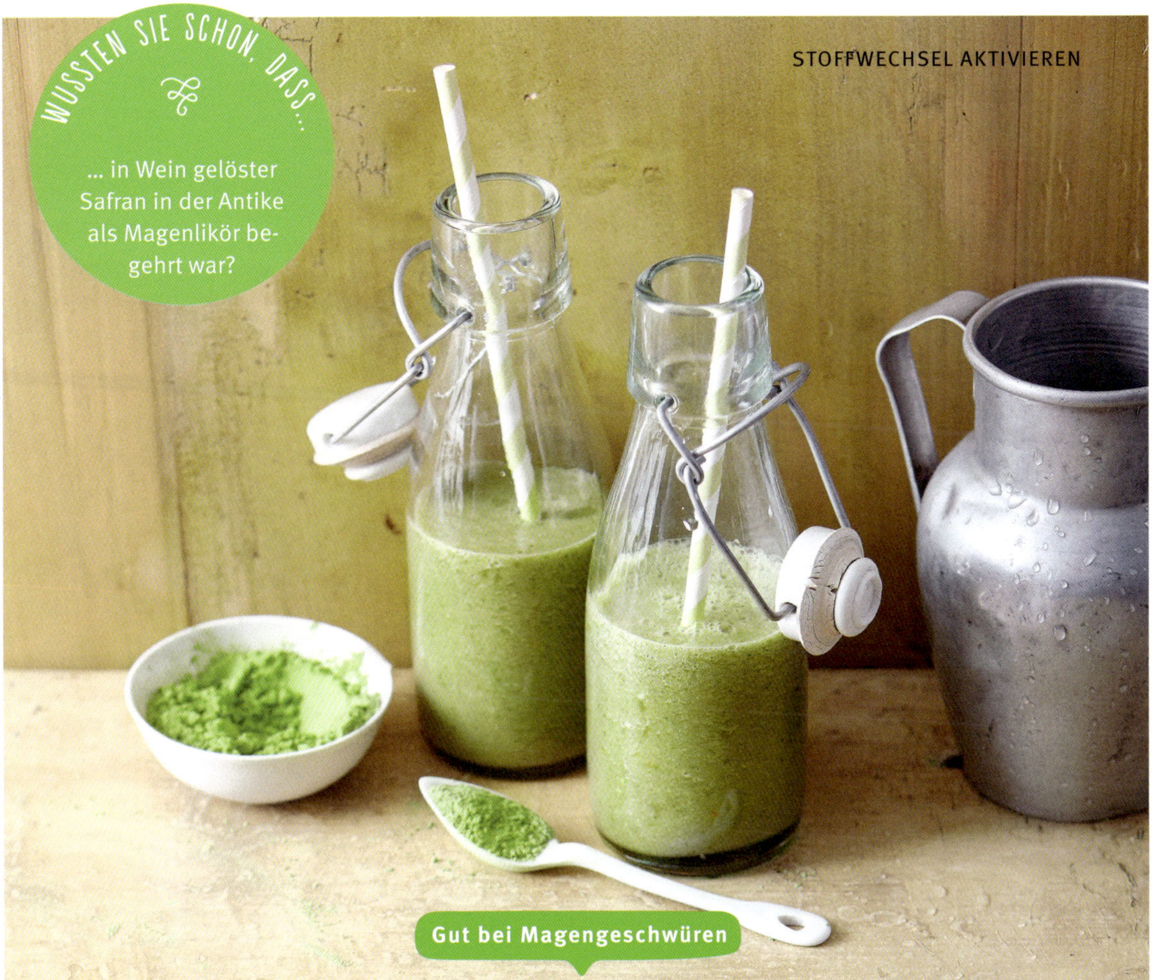

Gut bei Magengeschwüren

MAGENBITTER MIT GERSTENGRAS

PRO GLAS CA. 70 KCAL, 2 G EW, 0 G F, 15 G KH

FÜR 4 GLÄSER

2 Stangen Staudensellerie, 2 Bananen, 1 Stück Aloe-vera-Blatt (ca. 4 cm), 1 geh. TL Gerstengraspulver, 3 – 4 Safranfäden, ca. 500 ml Wasser

1

Den Sellerie waschen, die Banane schälen und beides in Stücke schneiden. In den Mixer füllen. Das Aloe-vera-Blatt schälen und in den Mixer geben.

2

Das Gerstengraspulver und den Safran hinzufügen, das Wasser dazugießen und alle Zutaten fein pürieren.

Stärkt die Magensäfte

TOMATEN-AVOCADO-SMOOTHIE

PRO GLAS CA. 95 KCAL, 2 G EW, 7 G F, 6 G KH

FÜR 4 GLÄSER

3 Tomaten, ½ kleine Rote Bete, 1 Orange, ½ Avocado, 3 Basilikumblätter, ca. 500 ml Wasser

1

Die Tomaten waschen, von den Stielansätzen befreien und in Stücke schneiden. Die halbe Rote Bete klein schneiden. Die Orange schälen und ebenfalls klein schneiden. Die halbe Avocado vom Stein befreien und das Fruchtfleisch aus der Schale lösen.

2

Tomaten, Rote Bete, Orange und Avocado in den Mixer füllen. Das Basilikum waschen und hinzufügen. Das Wasser dazugießen und alles fein pürieren.

WUSSTEN SIE SCHON, DASS...

... das ätherische Öl im Basilikum Vitalstoffe für die Leber enthält?

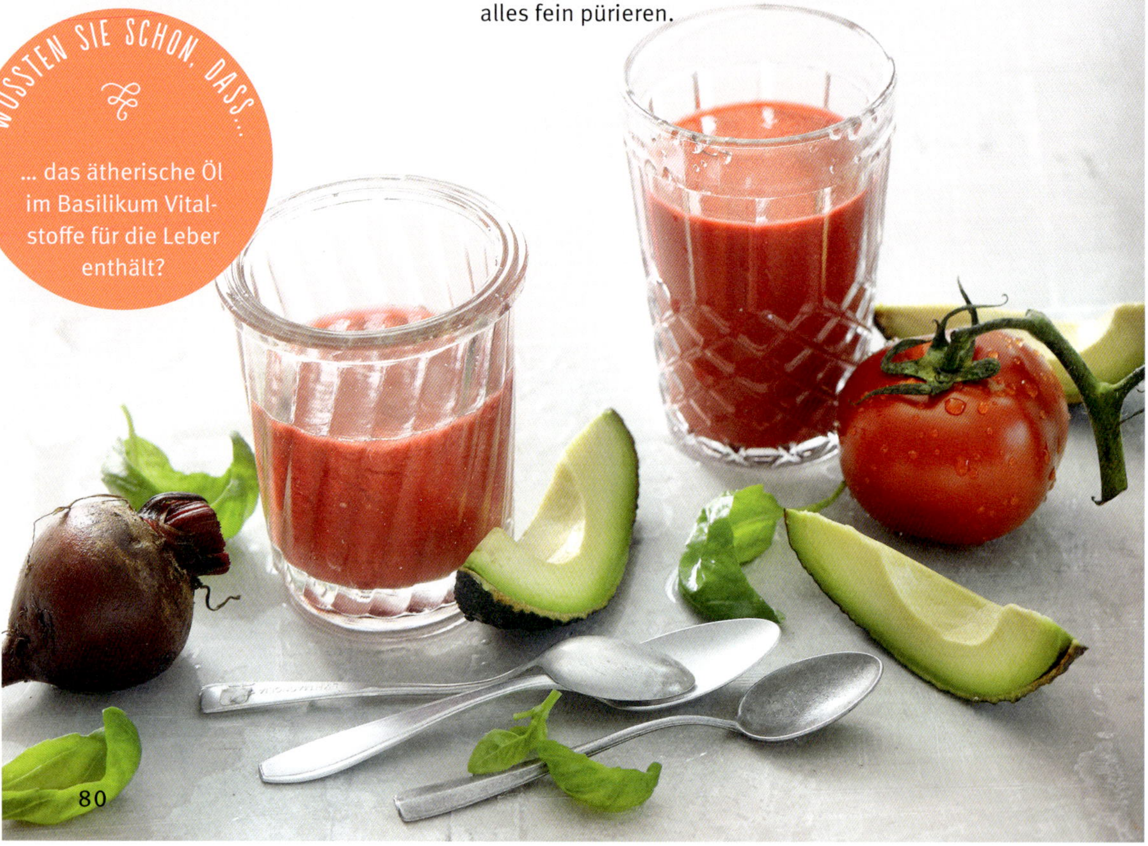

Heizt dem Stoffwechsel ein

CHILI-TABASCO-SMOOTHIE

PRO GLAS CA. 10 KCAL, 0 G EW, 0 G F, 1 G KH

FÜR 4 GLÄSER

3 Tomaten, ½ kleine Chilischote, 20 Thymianblättchen, 6 Rosmarinnadeln,
2 Salbeiblätter, 2 Spritzer Tabasco, Salz, ca. 300 ml Wasser

Die Tomaten waschen, die Stielansätze entfernen und die Tomaten in
Stücke schneiden. Die halbe Chilischote waschen und je nach
gewünschter Schärfe entkernen. Die Kräuter waschen.

2

Tomaten, Chili und Kräuter in den Mixer füllen. Tabasco, 1 Prise Salz
und das Wasser dazugeben und alles fein pürieren.

81

Schlankes Bauchgefühl

FENCHEL-SMOOTHIE

mit Dill und Giersch

PRO GLAS CA. 85 KCAL, 2 G EW, 7 G F, 4 G KH

FÜR 4 GLÄSER

1 Salatgurke, ½ Avocado, ½ Fenchelknolle mit Grün, 1 kleine Handvoll Giersch (ersatzweise Brennnesselblätter), 2 Stängel Dill, ca. 500 ml Wasser

1

Die Gurke waschen und mit der Schale in Stücke schneiden. Die halbe Avocado vom Kern befreien und das Fruchtfleisch aus der Schale lösen. Fenchel waschen und etwas zerkleinern.

2

Giersch und Dill waschen und die Blätter bzw. Spitzen von den Stängeln abzupfen. Alle vorbereiteten Zutaten in den Mixer füllen. Das Wasser dazugießen und alles fein pürieren.

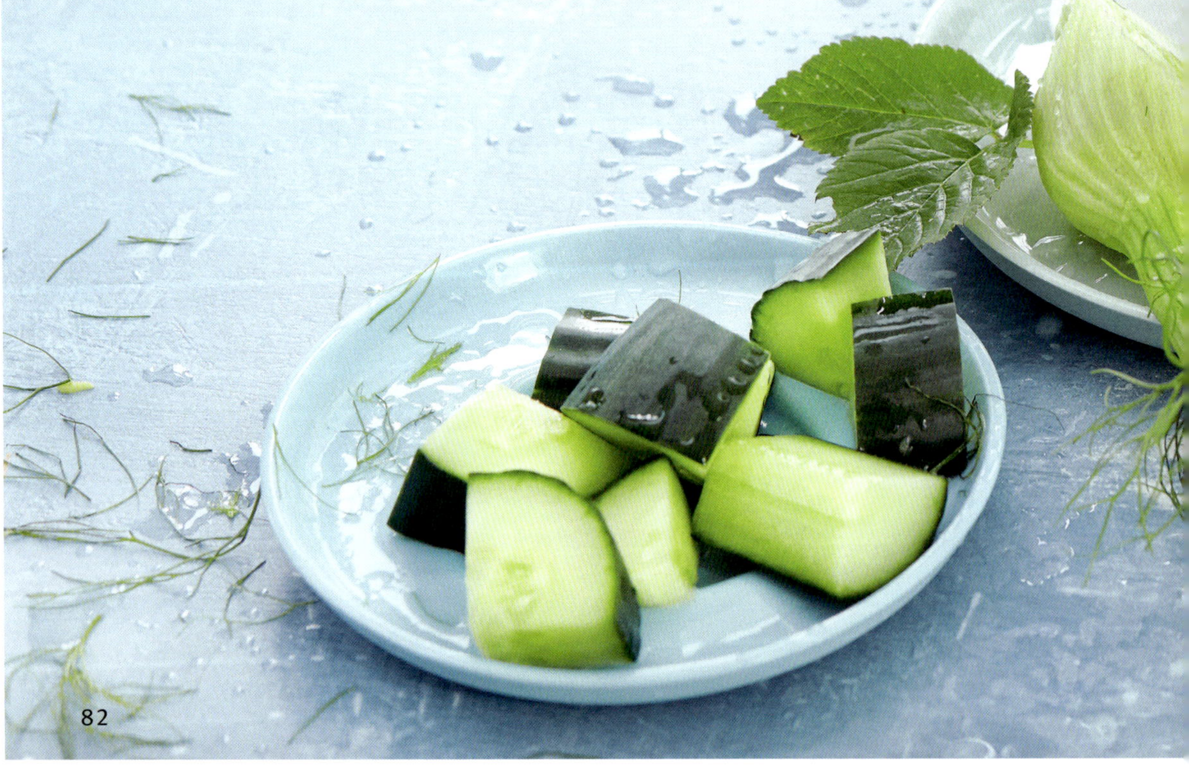

— GESUNDHEITS-PLUS —

Fenchel ist ein echter Allrounder. In der Pflanzenheilkunde gilt er seit Jahrhunderten als das Mittel der Wahl, um Magenzwicken, Darmkrämpfen oder einem aufgeblähten Bauch Paroli zu bieten. Und dafür kann man vom Fenchel sogar alle Pflanzenteile verwenden. Er hat nämlich jede Menge Gutes aufzubieten: die Knolle, die wir als Gemüse mögen, den Stängel, das aromatische Fenchelgrün und die würzigen Fenchelsamen! Alle enthalten mehr oder weniger hohe Anteile des unvergleichlich gut schmeckenden ätherischen Fenchelöls. Und das leistet bei empfindlichen Magen-Darm-Reaktionen wahre Wunder. Blähbauch? War gestern! Mit Fenchel kann man sich unbesorgt auch im engen Rock bewegen!

WUSSTEN SIE SCHON, DASS...

... Dill ähnlich Magen-Darm-freundlich ist wie Fenchel und Kümmel?

Schwung für die Verdauung

TRAUBEN-SMOOTHIE

PRO GLAS CA. 80 KCAL, 1 G EW, 0 G F, 18 G KH

FÜR 4 GLÄSER

1 Banane, 300 g helle und dunkle Trauben, 1 Handvoll Giersch, 1 Handvoll Spitzwegerich, ca. 500 ml Wasser

1. Die Banane schälen und in Stücke schneiden. Die Trauben waschen. Giersch und Spitzwegerich waschen und die Blätter abzupfen.

2. Banane, Trauben, Giersch und Spitzwegerich in den Mixer füllen, das Wasser dazugießen und alles fein pürieren.

TIPP

Giersch und Spitzwegerich sind die reinsten Naturschätze. Sie stecken voller vitaler Pflanzenstoffe – wir sollten sie viel öfter in unsere Ernährung einbauen. Am besten natürlich in Bio-Qualität!

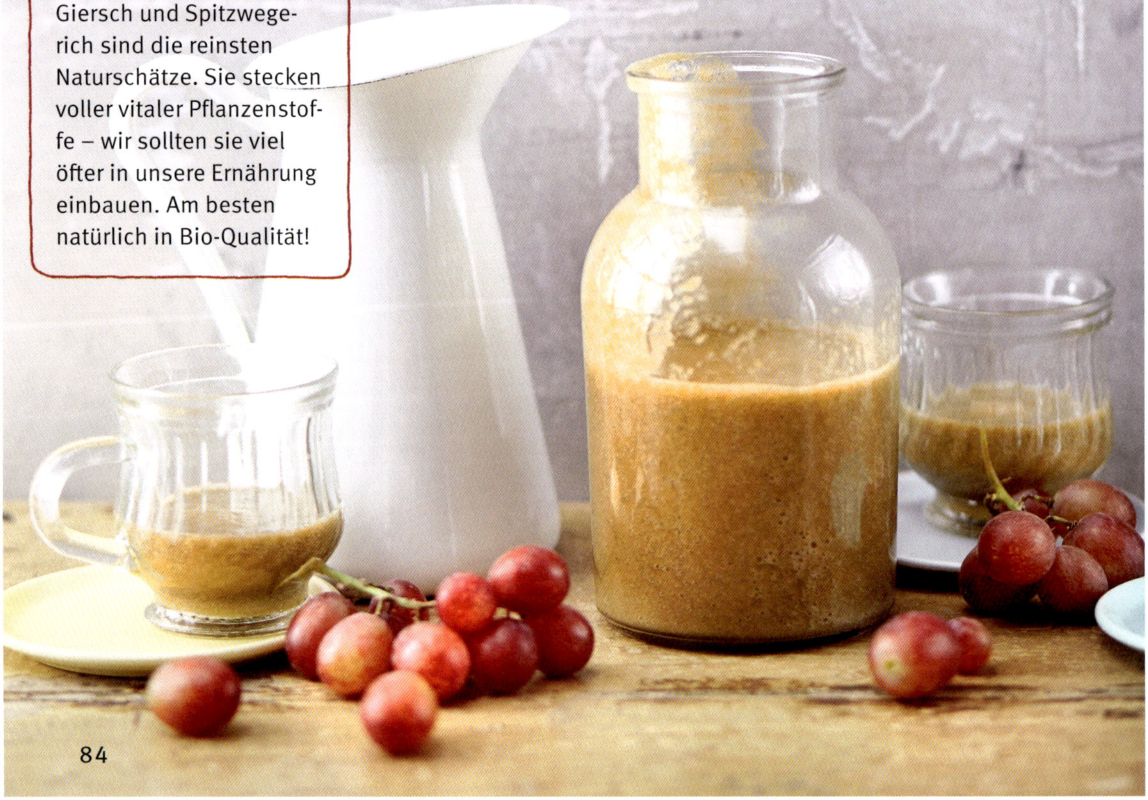

Hilft bei Verstopfung

LION-KING-SMOOTHIE

PRO GLAS CA. 40 KCAL, 1 G EW, 1 G F, 5 G KH

FÜR 4 GLÄSER

1 Apfel, 2 Kiwis, 2 Stängel Minze, 8 Löwenzahnblätter, 1 TL Zitronensaft,
1 EL Leinsamen, ca. 500 ml Wasser

Den Apfel waschen, vierteln und vom Kerngehäuse befreien. In Stücke
schneiden. Die Kiwis schälen und ebenfalls in Stücke schneiden.

Minze und Löwenzahn waschen, die Minzeblätter abzupfen. Apfel,
Kiwis, Minze und Löwenzahn in den Mixer füllen. Zitronensaft und Leinsamen hinzufügen, das Wasser dazugießen und alles fein pürieren.

WUSSTEN SIE SCHON, DASS...

… das ätherische
Öl der Minze den
Magen-Darm-Stoff-
wechsel fördert?

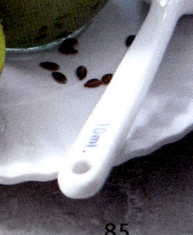

STAR-WARS-SMOOTHIE

mit Sternanis

PRO GLAS CA. 45 KCAL, 1 G EW, 0 G F, 10 G KH

FÜR 4 GLÄSER

4 Feigen, 1 Mango, 3 Stängel Zitronenmelisse, 1 Sternanis, ca. 500 ml Wasser

Die Feigen waschen und in Stücke schneiden. Die Mango schälen, das Fruchtfleisch vom Stein schneiden und etwas zerkleinern. Die Zitronenmelisse waschen und die Blätter abzupfen.

Feigen, Mango und Melisse sowie den Sternanis im Ganzen in den Mixer geben. Das Wasser dazugießen und alles fein pürieren.

... Sternanis bota-
nisch nicht mit Anis
verwandt ist?

GESUNDHEITS-PLUS

Zitronenmelisse ist ein echtes Zauberkraut, denn sie kann
ausgleichend und harmonisierend wirken. Übrigens sind
Zitronenmelisse und Melisse identisch. Ihr ätherisches Öl
ist einer der besten Entschleuniger, den wir uns wünschen
können! Wenn Magen und Darm Stress machen, oder wir uns
etwas unruhig oder nervös fühlen, sollten wir uns am besten
gleich ein ganzes Bund Zitronenmelisse ins Haus holen.
Oder sie vom Topf auf der Fensterbank pflücken. Und dann
ab in den Mixer. Nervöser Magen? War gestern!

ENTSPANNEN

SCHON MAL ETWAS GESEHEN, DAS IMMER IN BALANCE IST?
NA KLAR, DER REGENBOGEN! LOCKER SPANNT ER SICH
VON EINEM ENDE ZUM ANDEREN UND STRAHLT EINE HIMMLISCHE
RUHE AUS. DAS KÖNNEN WIR AUCH! WIR BRAUCHEN NICHT VIEL:
MELISSE, MANDELN, MANGO UND MINZE, KAKAO UND VANILLE –
ZUTATEN, MIT DENEN WIR MAL EBEN, GANZ LOCKER, DIE KÖSTLICHSTEN
DRINKS ZAUBERN. GANZ ENTSPANNT, NATÜRLICH.

Zur Ruhe kommen

FROMME HELENE

mit Mandeldrink

PRO GLAS CA. 80 KCAL, 1 G EW, 2 G F, 15 G KH

FÜR 4 GLÄSER

1 Birne, 8 kleine getrocknete Datteln (entsteint), 1 Stück Bourbon-Vanilleschote (ca. 1 cm),
1 TL Kakaopulver, 1 TL Zimtpulver, 250 ml Mandeldrink, ca. 250 ml Wasser

1

Die Birne waschen, vierteln und vom Kerngehäuse befreien. In
Stücke schneiden. Die Datteln ebenfalls klein schneiden. Beides
in den Mixer füllen.

2

Das Stück Vanilleschote, den Kakao und den Zimt hinzufügen.
Mandeldrink und Wasser dazugießen und alles fein pürieren.

GESUNDHEITS-PLUS

Kakaobohnen sind so, wie man sich beste Freunde vorstellt: Sie bringen uns runter, wenn wir mal auf 180 sind, zaubern ein Lächeln auf unsere Lippen, schenken Wärme und geben uns das Gefühl, rundum in Ordnung zu sein. Das liegt an ihren wohltuenden inneren Werten. Nicht umsonst machen sie zurzeit als Superfoods richtig Karriere. Neben Antioxidanzien und dem Nervenschoner Magnesium enthalten sie wichtige Spurenelemente wie Kupfer und Phosphor, aber auch Mineralstoffe wie Kalzium. Besonders ausgleichend wirken Kakaobohnen wegen ihres Gehalts an Theobromin. Der sekundäre Pflanzenstoff ist mit dem Koffein verwandt und wirkt sanft anregend, und zwar seelisch wie körperlich. Sobald Kakaobohnen allerdings über 40 Grad erhitzt werden, geht die wohltuende Wirkung verloren. Im Smoothie-Mixer bleiben ihre Vitalstoffe dagegen voll erhalten. Hier ist nicht nur feiner Geschmack, sondern auch gute Laune garantiert!

WUSSTEN SIE SCHON, DASS...

... Vanille in der Aromatherapie sogar bei Burnout empfohlen wird?

SWEET DREAMS MIT MELISSE

PRO GLAS CA. 60 KCAL, 1 G EW, 1 G F, 12 G KH

FÜR 4 GLÄSER

1 Birne, 2 getrocknete Feigen, 4 Stängel Zitronenmelisse,
250 ml Haferdrink, ca. 250 ml Wasser

Die Birne waschen, vierteln und vom Kerngehäuse befreien. In Stücke
schneiden. Die Feigen ebenfalls klein schneiden. Die Zitronenmelisse
waschen und die Blätter abzupfen.

Birne, Feigen und Melisse in den Mixer füllen. Den Haferdrink und das
Wasser dazugießen und alles fein pürieren.

TIPP

Das ätherische Öl der
Zitronenmelisse kann
helfen, Verspannungen
zu lösen. Es wirkt am
besten, wenn die Blätter
nicht erhitzt werden. Das
kurze Zerkleinern im Mixer
schließt die Vitalstoffe
perfekt auf, sodass wir optimal davon profitieren.

Ungestörte Nachtruhe

MANDEL-MINZE-SMOOTHIE

PRO GLAS CA. 90 KCAL, 1 G EW, 2 G F, 17 G KH

FÜR 4 GLÄSER

2 Bananen, 5 Minzeblätter, 1 Stück Bourbon-Vanilleschote (ca. 2 cm),
250 ml Mandeldrink, ca. 250 ml Wasser

Die Bananen schälen und halbieren. Die Minzeblätter waschen.
Banane, Minze und das Stück Vanilleschote in den Mixer füllen.

Den Mandeldrink und das Wasser dazugießen und alles fein pürieren.

WUSSTEN SIE SCHON, DASS...

... in Mandeln das für
die seelische Balan-
ce wichtige Biotin
steckt?

Guter Schlaf bei Stress

GOOD-NIGHT-SMOOTHIE

mit Kardamom

PRO GLAS CA. 55 KCAL, 1 G EW, 1 G F, 11 G KH

FÜR 4 GLÄSER

2 Kiwis, 1 Mango, 100 g Ananas, 1 EL Limettensaft, 3 grüne Kardamomkapseln, ca. 500 ml Wasser

1. Die Kiwis schälen und in Stücke schneiden. Die Mango schälen und das Fruchtfleisch vom Stein schneiden. Die Ananas schälen und mit dem Strunk in Stücke schneiden.

2. Die Früchte mit dem Limettensaft und den ganzen Kardamomkapseln in den Mixer geben. Das Wasser dazugießen und alles fein pürieren.

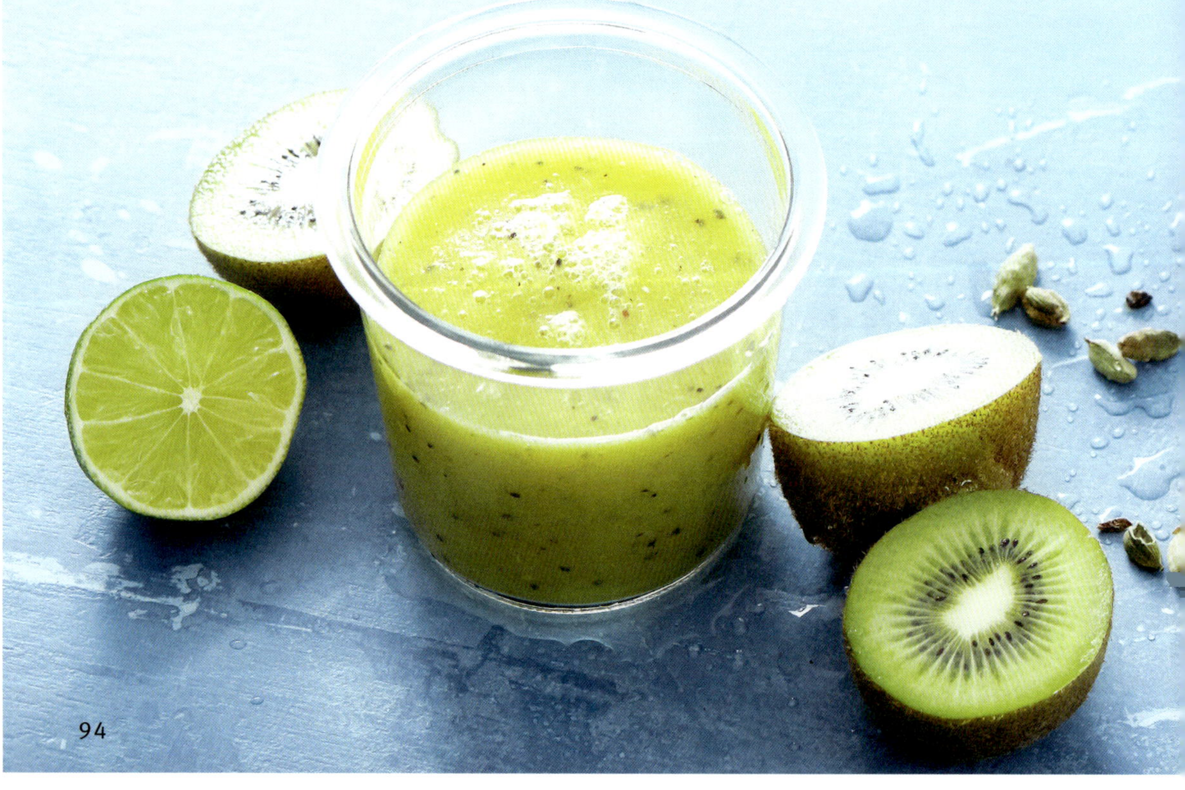

GESUNDHEITS-PLUS

Kardamom ist mit dem Ingwer verwandt. Seine aromatischen Samenkapseln waren schon im alten Babylon ein bewährtes Gewürzheilmittel, um etwa Magendrücken oder Bauchgrimmen zu lindern. Seine wohltuenden Eigenschaften sind also seit langem bekannt und haben sich auch in der mittelalterlichen Klostermedizin bewährt. Heute wissen wir dank der Erfahrungen aus der Aromatherapie, dass das ätherische Öl der Kardamomkapseln tatsächlich dazu beitragen kann, Magen und Darm sanft zu beruhigen. Gleichzeitig wirkt es harmonisierend, zum Beispiel bei Erschöpfungszuständen. Ideal also für einen erholsamen Schlaf – je ausgeglichener wir zu Bett gehen, desto besser erholen wir uns.

WUSSTEN SIE SCHON, DASS...

… Mango reich an Provitamin A ist, das die Immunabwehr stärkt?

Yoga zum Trinken

SCHARFER BEEREN-SMOOTHIE

mit Vanille und Chili

PRO GLAS CA. 90 KCAL, 3 G EW, 3 G F, 13 G KH

FÜR 4 GLÄSER

200 g Erdbeeren, 1 Banane, 1 kleine Chilischote, 2 EL Limettensaft, 1 Stück Bourbon-Vanille-schote (ca. 2 cm), 250 ml Milch (z. B. Kuhmilch oder Sojadrink), ca. 250 ml Wasser

Die Erdbeeren waschen. Bio-Erdbeeren nicht vom Grün befreien, konventionell angebaute schon. Die Banane schälen und klein schneiden. Beides in den Mixer geben. Die Chilischote waschen und je nach gewünschter Schärfe von den Kernen befreien.

Chilischote, Limettensaft und das Stück Vanilleschote ebenfalls in den Mixer geben. Die Milch und das Wasser dazugießen und alles fein pürieren.

... Bananen viel Kalium enthalten, wichtig für Muskeln und Nerven?

GESUNDHEITS-PLUS

Chilischoten enthalten neben Spurenelementen wie Zink und Mangan vor allem den Scharfstoff Capsaicin. Und der ist für die Pflanzenheilkunde interessant! Capsaicin kann einiges beeinflussen. Unter anderem gilt es nicht nur als durchblutungsanregend und förderlich für die Stoffwechselprozesse im Magen-Darm-Bereich. Es kann auch dazu beitragen, die Blutgefäße zu erweitern. Das kann sich positiv auf die Senkung des Blutdrucks auswirken. In Kombination mit leichten Entspannungstechniken, zum Beispiel Atemübungen oder Yoga, lassen sich mit chilischarfen Smoothies angenehme Effekte erzielen, weil sie beim Trinken zunächst anregend und danach leicht entspannend wirken können.

Think positive

AUSZEIT-SMOOTHIE

PRO GLAS CA. 75 KCAL, 1 G EW, 0 G F, 17 G KH

FÜR 4 GLÄSER

200 g Erdbeeren, 2 Bananen, 2 Stängel Zitronenmelisse, 1 Stück Bourbon-Vanilleschote (ca. 2 cm), ca. 500 ml Wasser

1

Die Erdbeeren waschen, Bio-Erdbeeren nicht vom Grün befreien, konventionell angebaute Erdbeeren schon. Die Bananen schälen und klein schneiden. Die Zitronenmelisse waschen und die Blätter abzupfen.

2

Die Früchte in den Mixer füllen, die Melisse und das Stück Vanilleschote dazugeben. Das Wasser dazugießen und alles fein pürieren.

TIPP

Das ätherische Öl der Vanille kann bei leichten Einschlafstörungen und Verspannungen hilfreich sein. Es steckt sowohl in der Schale als auch in den winzigen Samenkörnern der Vanilleschoten.

Glücksbringer

AFTER-EIGHT-SMOOTHIE

PRO GLAS CA. 130 KCAL, 3 G EW, 2 G F, 23 G KH

FÜR 4 GLÄSER

2 Bananen, 2 Birnen, ca. 20 Minzeblätter, 1 TL Kakaopulver, 250 ml Milch
(z. B. Kuhmilch oder Sojadrink), ca. 250 ml Wasser

Die Bananen schälen und in Stücke schneiden. Die Birnen waschen,
vierteln und von den Kerngehäusen befreien. In Stücke schneiden.
Die Minzeblätter waschen.

Bananen, Birnen und Minzeblätter mit dem Kakao in den Mixer füllen.
Die Milch und das Wasser dazugießen und alles fein pürieren.

WUSSTEN SIE SCHON, DASS…

… das Theobromin
im Kakao gute Laune
macht? Und Minze
entspannt?

Einfach mal runterkommen

PINK-LADY-SMOOTHIE

mit Vanille

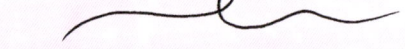

PRO GLAS CA. 110 KCAL, 4 G EW, 3 G F, 17 G KH

FÜR 4 GLÄSER

300 g Himbeeren, 1 Orange, 1 Banane, 1 Stück Bourbon-Vanilleschote (ca. 2 cm), 1 TL Acaipulver, 250 ml Milch (z. B. Kuhmilch oder Sojadrink), ca. 250 ml Wasser

1. Die Himbeeren waschen. Die Orange und die Banane schälen und in Stücke schneiden. Himbeeren, Orange und Banane in den Mixer füllen.

2. Das Stück Vanilleschote und das Acaipulver hinzufügen. Die Milch und das Wasser dazugießen und alles fein pürieren.

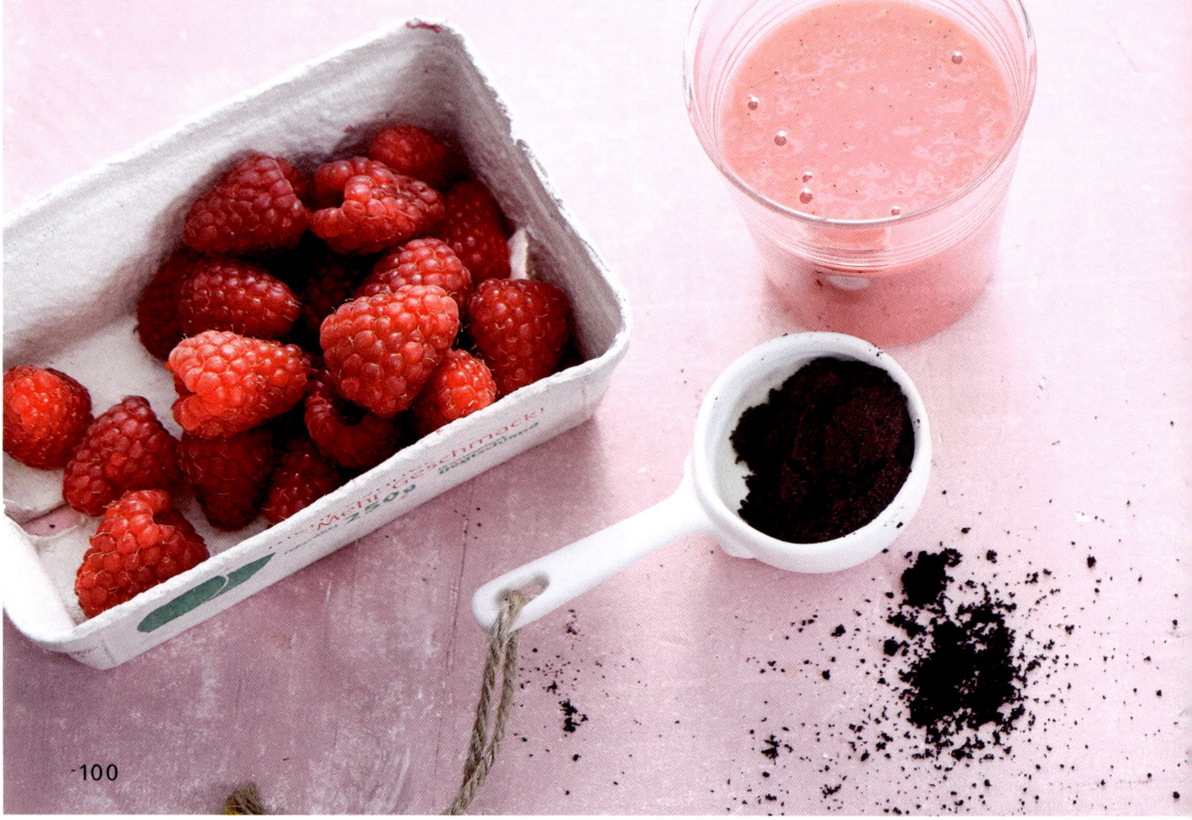

GESUNDHEITS-PLUS

Acaibeeren sind die blauen Früchte einer Palmenart. Sie stammen ursprünglich aus dem Amazonasgebiet und gehören dort seit Jahrtausenden zur täglichen Ernährung. Weil sie so viele Vitalstoffe liefern, zählen sie zu den Top-Superfoods. Sie enthalten jede Menge Antioxidanzien, die die Abwehrkräfte stärken und Alterungsprozesse mildern können. Und praktischerweise bekommt man Acaibeeren bei uns auch als Pulver. Und dieses verleiht dem Smoothie einen zusätzlichen Vitamin- und Mineralstoffkick.

WUSSTEN SIE SCHON, DASS...

... Himbeeren botanisch mit den Rosen verwandt sind?

IMKERS LIEBLING

PRO GLAS CA. 85 KCAL, 2 G EW, 3 G F, 14 G KH

FÜR 4 GLÄSER

2 Äpfel, 1 Stück Bourbon-Vanilleschote (ca. 2 cm), 2 TL Honig, 1 TL Zimtpulver, 250 ml Milch (z. B. Kuhmilch oder Sojadrink), ca. 250 ml Wasser

1

Die Äpfel waschen, vierteln und vom Kerngehäuse befreien.
In Stücke schneiden und mit der Vanilleschote, dem Honig und dem
Zimt in den Mixer füllen.

2

Die Milch und das Wasser dazugießen und alles fein pürieren.

TIPP

Honig und Zimt enthalten sekundäre Pflanzenstoffe, die das Immunsystem stärken können. Deshalb hat man Zimt früher sogar bei Tropenkrankheiten empfohlen, um wieder zu Kräften zu kommen. Dieser Smoothie ist also perfekt bei Erschöpfung!

Hält den Bauch flach

ERDBEERMILCH MIT LEINSAMEN

PRO GLAS CA. 115 KCAL, 4 G EW, 4 G F, 13 G KH

FÜR 4 GLÄSER

250 g Erdbeeren, 1 Banane, 2 EL Leinsamen, gemahlener Piment, 250 ml Milch
(z. B. Kuhmilch oder Sojadrink), ca. 250 ml Wasser

1

Die Erdbeeren waschen, Bio-Erdbeeren nicht vom Grün befreien, konventionell angebaute Erdbeeren schon. Die Banane schälen, in Stücke schneiden und mit den Erdbeeren in den Mixer füllen.

2

Den Leinsamen und 1 Prise Piment hinzufügen, die Milch und das Wasser dazugießen und alles fein pürieren.

WUSSTEN SIE SCHON, DASS...

... Piment seit Jahrhunderten als sanftes Magentonikum gilt?

STERNENFÄNGER-SMOOTHIE

mit Kakao

PRO GLAS CA. 90 KCAL, 2 G EW, 2 G F, 17 G KH

FÜR 4 GLÄSER

2 Bananen, 1 TL Koriandersamen, 1 TL Kakaopulver, ca. 500 ml Mandeldrink

Die Bananen schälen, in Stücke schneiden und in den Mixer geben. Die Koriandersamen und den Kakao hinzufügen.

Den Mandeldrink dazugießen und alle Zutaten fein pürieren.

GESUNDHEITS-PLUS

Für viele überraschend: Koriandersamen enthalten sogar Vitamin C! Noch wichtiger aber für ein gutes Rundum-Wohlgefühl ist das Talent des Korianders, Magen-Darm-Stress abzupuffern. Eine gute Nachricht für alle, die immer mal wieder an einem gereizten Magen oder vielleicht sogar an Reizdarm-Symptomen leiden! Das ätherische Öl der Koriandersamen enthält sekundäre Pflanzenstoffe, die bei Völlegefühl, Bauchzwicken, Blähbauch und Magendrücken seit alters her gute Dienste leisten. Nicht umsonst spielt Koriander in traditionellen Klosterlikören und magenfreundlichen Kräuterdestillaten eine wichtige Rolle.

WUSSTEN SIE SCHON, DASS...

... Bananen leicht verdaulich und gut verträglich für den Darm sind?

Macht locker und entspannt

APFEL-BIRNEN-SMOOTHIE

PRO GLAS CA. 80 KCAL, 2 G EW, 2 G F, 12 G KH

FÜR 4 GLÄSER

1 Apfel, 2 Birnen, 10 Zitronenmelisseblätter, 1 EL Zitronensaft, 250 ml Milch
(z. B. Kuhmilch oder Sojadrink), ca. 250 ml Wasser

Den Apfel und die Birnen waschen, vierteln und die Kerngehäuse heraus-
schneiden. Das Obst in Stücke schneiden und in den Mixer füllen.

Die Zitronenmelisse waschen und hinzufügen. Zitronensaft, Milch und
Wasser dazugießen und alles fein pürieren.

Schlafen ohne Stress

MANDELTRAUM-SMOOTHIE

PRO GLAS CA. 75 KCAL, 1 G EW, 2 G F, 13 G KH

FÜR 4 GLÄSER

200 g Heidelbeeren, 1 Banane, 1 TL Zimtpulver, 250 ml Mandeldrink,
ca. 250 ml Wasser

Die Heidelbeeren waschen und in den Mixer füllen. Die Banane
schälen, in Stücke schneiden und ebenfalls in den Mixer geben.
Den Zimt hinzufügen.

Den Mandeldrink und das Wasser dazugießen und alles fein pürieren.

Für innere Gelassenheit

RED-RIBBON-SMOOTHIE

mit Zitronenmelisse

PRO GLAS CA. 40 KCAL, 1 G EW, 0 G F, 7 G KH

FÜR 4 GLÄSER

350 g Erdbeeren, 1 Birne, 4 Stängel Zitronenmelisse,
1 Stück Bourbon-Vanilleschote (ca. 2 cm), ca. 500 ml Wasser

Die Erdbeeren waschen, Bio-Erdbeeren nicht vom Grün befreien, konventionell angebaute Erdbeeren schon. Die Birne waschen, vierteln und vom Kerngehäuse befreien. In Stücke schneiden. Die Zitronenmelisse waschen und die Blätter abzupfen.

Erdbeeren, Birne, Melisse und das Stück Vanilleschote in den Mixer füllen. Das Wasser dazugießen und alles fein pürieren.

— GESUNDHEITS-PLUS —

Erdbeeren sind im botanischen Sinn keine Beeren, weil nicht das Fruchtfleisch, sondern die winzigen Kerne die eigentlichen Früchte sind und diese zu den Nüssen zählen. Aber im Grunde tut das für die Gesundheit und den Genuss nichts zur Sache. Denn 100 g von den herrlich aromatischen Früchten decken unseren Tagesbedarf an Vitamin C bereits zu 65 Prozent! Und Vitamin C ist nicht nur fürs Immunsystem, sondern auch für die Stressbewältigung von Körper und Seele wichtig. Und dafür kann es keinen besseren Partner geben als die Zitronenmelisse, die ebenfalls entspannend wirkt und von der Klostermedizin sogar bei nervösen Herzbeschwerden empfohlen wurde. Im Red-Ribbon-Smoothie bilden Erdbeeren und Zitronenmelisse also ein echtes Dreamteam. Das können wir entspannt genießen!

WUSSTEN SIE SCHON, DASS...

... Zitronenmelisse früher unter dem Namen »Herzkraut« bekannt war?

IMMUNSYSTEM STÄRKEN

FRÜHER ERZÄHLTE MAN, DASS JEMAND, DER DEN ORT KENNT, AN DEM DER REGENBOGEN WÄCHST, BESONDERE KRÄFTE HAT. HEUTE WISSEN WIR, DASS LEUTE, DIE SICH DEN REGENBOGEN INS HAUS HOLEN, VIELLEICHT SOGAR NOCH EIN BISSCHEN STÄRKER ALS ANDERE SIND. WEIL SIE ALL DIE KRÄFTE, DIE IN DEN REGENBOGEN-FRÜCHTEN SITZEN, FÜR SICH NUTZEN. ECHT STARK!

GRÜNKOHL-APFEL-SMOOTHIE

mit Piment und Orange

PRO GLAS CA. 65 KCAL, 1 G EW, 0 G F, 14 G KH

FÜR 4 GLÄSER

8 Grünkohlblätter, 1 Banane, 1 Apfel, 1 Orange, gemahlener Piment, ca. 500 ml Wasser

Den Grünkohl waschen, die groben Stängel abschneiden und die Blätter etwas kleiner zupfen. Die Banane schälen und in Stücke schneiden. Den Apfel waschen, vierteln und vom Kerngehäuse befreien. Die Viertel klein schneiden. Die Orange schälen und ebenfalls klein schneiden.

Die Grünkohlblätter mit den Obststücken und 1 Prise Piment in den Mixer füllen. Das Wasser dazugießen und alles fein pürieren.

── GESUNDHEITS-PLUS ──

Frischer Grünkohl enthält so viel Vitamin C, dass wir schon mit 100 g unseren gesamten Tagesbedarf decken. Wenn man ihn erhitzt, geht über die Hälfte davon aber wieder verloren! Frischer, roher Grünkohl ist also optimal für einen Immun-booster wie diesen Smoothie. Kommt noch Piment dazu, wird daraus eine geballte Kraft, die Erkältungsviren und Bakterien das Fürchten lehrt. Denn auch Piment macht sich gut als Abwehrschild für unser Immunsystem. Sein ätherisches Öl enthält Verbindungen, die antibakterielle Eigenschaften haben. Kalium, Kalzium, Eisen und Magnesium sind unter anderem auch noch enthalten – ganz zu schweigen von dem wunderbaren Aroma nach Zimt, Pfeffer, Muskat und Nelken. Diese besondere Geschmacksfülle kommt nur im Piment vor und hat ihm deshalb im Englischen den wunderbar klingenden Namen »Allspice« eingebracht.

WUSSTEN SIE SCHON, DASS...

... in rohem Grün-kohl mehr Vitamin C steckt als in gekochtem?

Honigbienen-Kräfte

YELLOW-SUBMARINE-SMOOTHIE

mit Kurkuma

PRO GLAS CA. 65 KCAL, 1 G EW, 0 G F, 14 G KH

FÜR 4 GLÄSER

2 Orangen, 1 Apfel, 1 Stück Bio-Ingwer mit Schale (ca. 1 cm), ½ TL gemahlene Kurkuma, 1 EL Zitronensaft, 1 EL Honig, ca. 500 ml Wasser

1

Die Orangen schälen und in Stücke schneiden. Den Apfel waschen, vierteln, vom Kerngehäuse befreien und klein schneiden. Beides in den Mixer füllen.

2

Den Ingwer, die Kurkuma, den Zitronensaft und den Honig hinzufügen. Das Wasser dazugießen und alles fein pürieren.

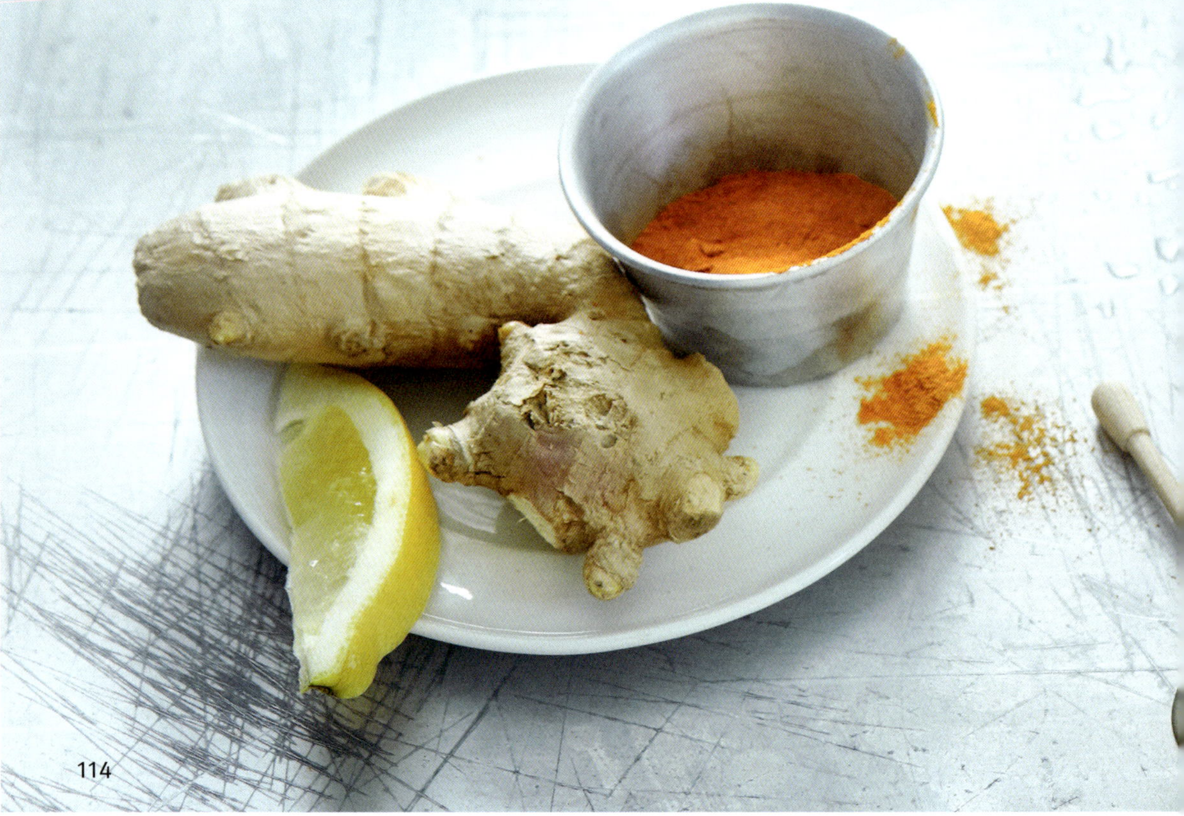

GESUNDHEITS-PLUS

Kurkuma war früher bei uns als »Gelbwurz« bekannt. Ein Name, der nicht nur von ihrer sonnengelben Farbe rührt, sondern auch von ihrer Form: Kurkuma ist mit Ingwer verwandt, und sie sieht frisch geerntet ähnlich wurzelig aus wie dieser. Früher kannten wir sie nur als Pulver. Heute findet man sie ab und zu auch frisch im Ganzen. So kommen ihre wertvollen Inhaltsstoffe unserem Körper am besten zugute! Kurkuma enthält unter anderem den sekundären Pflanzenstoff Curcumin. Der ist nicht nur für die warme, fröhlich machende Farbe verantwortlich, sondern auch für die positiven Eigenschaften der Kurkuma für die Abwehrkräfte. Denn Curcumin gilt als Schutzstoff für die Zellen.

WUSSTEN SIE SCHON, DASS...

... Wald- und Blütenhonig abwehrstärkende Enzyme enthalten?

Aktiviert die Abwehrkräfte

INGWER-TURBO-SMOOTHIE

mit Roter Bete

PRO GLAS CA. 135 KCAL, 2 G EW, 7 G F, 16 G KH

FÜR 4 GLÄSER

2 Bananen, ½ Avocado, 100 g Rote Bete, 1 Stück Bio-Ingwer mit Schale (ca. 2 cm), 2 EL Zitronensaft, ca. 500 ml Wasser

1

Die Bananen schälen und in Stücke schneiden. Die halbe Avocado vom Stein befreien und das Fruchtfleisch aus der Schale lösen. Bananen und Avocado in den Mixer füllen.

2

Die Rote Bete schälen und klein schneiden. Mit dem Ingwer und dem Zitronensaft in den Mixer geben. Das Wasser dazugießen und alles fein pürieren.

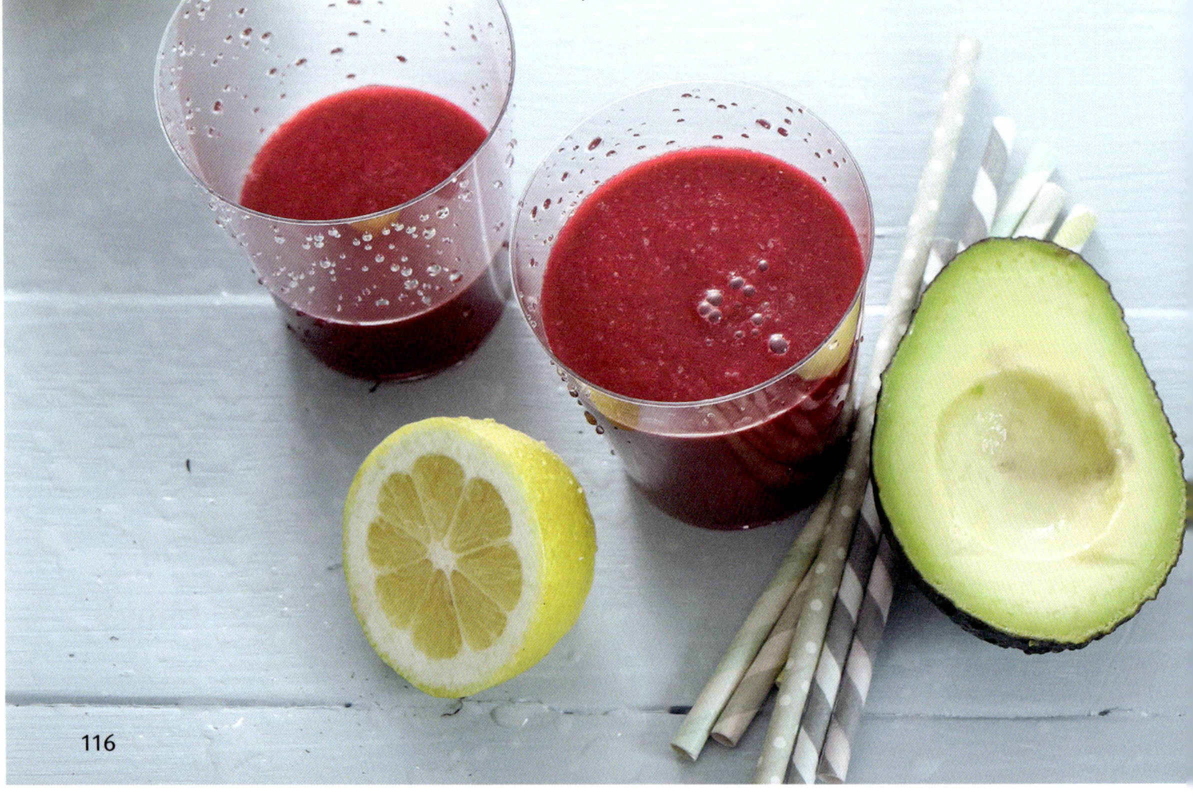

GESUNDHEITS-PLUS

Avocados sind gleich dreifach eine Überraschung: Erstens sind sie kein Gemüse, sondern im botanischen Sinne eigentlich Beeren. Zweitens zählen sie zur Familie der Lorbeergewächse. Und drittens? Sind sie echte Immunbollwerke! Weil sie Vitamine, zum Beispiel der B-Gruppe, Mineralstoffe wie Kalium und viele andere sekundäre Pflanzenstoffe enthalten, die als starke Antioxidanzien gelten: Vitamin E zum Beispiel, ein starker Radikalenfänger, der unsere Abwehrkräfte stärkt; außerdem Vitamin B5, das den Zellstoffwechsel unterstützt. Und das sogenannte Glutathion, das in vielen Körperzellen seine antioxidative Wirkung entfaltet.

WUSSTEN SIE SCHON, DASS...

... der Farbstoff der Roten Bete ein natürliches Antioxidans ist?

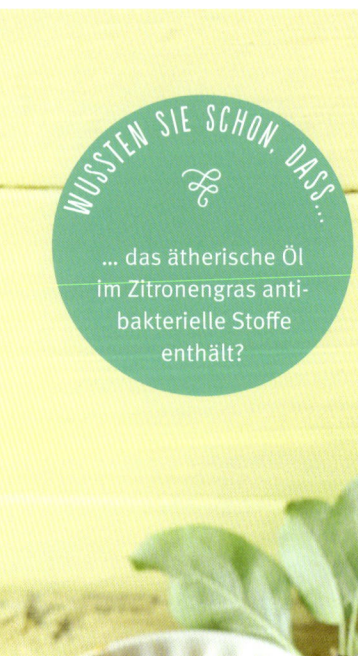

Frauenpower aus Fernost

GEISHAS LIEBLING

PRO GLAS CA. 120 KCAL, 2 G EW, 2 G F, 24 G KH
FÜR 4 GLÄSER
2 Äpfel, 2 Bananen, gemahlenes Zitronengras, 1 Stück Bourbon-Vanilleschote
(ca. 2 cm), 1 TL gemahlene Kurkuma, 250 ml Mandeldrink, ca. 250 ml Wasser

Die Äpfel waschen, vierteln und vom Kerngehäuse befreien. Apfelviertel
grob zerkleinern. Die Bananen schälen und in Stücke schneiden.
Beides in den Mixer füllen.

3 Prisen Zitronengras, das Stück Vanilleschote und die Kurkuma
hinzufügen. Mandeldrink und Wasser dazugießen und alle
Zutaten fein pürieren.

TIPP

Von allen Früchten haben Mangos den höchsten Gehalt an Beta-Carotin, auch Provitamin A genannt. Es ist eines der stärksten Antioxidanzien und wichtig für unser Immunsystem.

Bringt Nährstoffpower

MANGO-KORIANDER-SMOOTHIE

PRO GLAS CA. 50 KCAL, 0 G EW, 2 G F, 9 G KH

FÜR 4 GLÄSER

1 Mango, 2 Stängel Koriandergrün, 1 TL gemahlene Kurkuma, 1 TL Kokosöl, 250 ml Kokoswasser, ca. 250 ml Wasser

Die Mango schälen und das Fruchtfleisch vom Stein schneiden. Den Koriander waschen und die Blätter abzupfen.

Mango und Koriandergrün in den Mixer füllen. Kurkuma und Kokosöl hinzufügen. Das Kokoswasser und das Wasser dazugießen und alles fein pürieren.

ZITRUSZAUBER-SMOOTHIE

mit Gojibeeren

PRO GLAS CA. 70 KCAL, 2 G EW, 0 G F, 14 G KH

FÜR 4 GLÄSER

1 rosa Grapefruit, 2 Orangen, 2 TL getrocknete Gojibeeren, 2 EL Zitronensaft, Cayennepfeffer,
1 Msp. Koriandersamen, 250 ml Möhrensaft, ca. 250 ml Wasser

Die Grapefruit und die Orangen schälen und in Stücke schneiden.
Mit den Gojibeeren und dem Zitronensaft in den Mixer geben.
1 Prise Cayennepfeffer und die Koriandersamen dazugeben.

Möhrensaft und Wasser dazugießen und alles fein pürieren.

WUSSTEN SIE SCHON, DASS...

... 100 g Grapefruit
den Tagesbedarf an
Vitamin C zur Hälfte
decken?

GESUNDHEITS-PLUS

Gojibeeren stammen aus China. Sie enthalten über 30 lebenswichtige Mineralstoffe und Spurenelemente, die für das Immunsystem unverzichtbar sind. Und dazu noch so viel Vitamin A, E und C, dass sie nicht umsonst zu den Superfoods zählen – zur Gruppe jener Lebensmittel, die besonders viele Phytonährstoffe enthalten, also pflanzliche Vitalstoffe. In China haben Gojibeeren seit Jahrtausenden in der Traditionellen Chinesischen Medizin ihren festen Platz. Dort setzt man sie ein, um Leber und Nieren zu stärken.

DEVIL'S OWN

PRO GLAS CA. 65 KCAL, 1 G EW, 0 G F, 14 G KH

FÜR 4 GLÄSER

1 Orange, 250 g Ananas, 1 Stück Bio-Ingwer mit Schale (ca. 1 cm), ½ Chilischote,
1 TL gemahlene Kurkuma, schwarzer Pfeffer, 250 ml Möhrensaft,
ca. 250 ml Wasser

1

Orange und Ananas schälen. Beides in Stücke schneiden, den harten
Strunk der Ananas mit verwenden. Die Früchte in den Mixer geben.

2

Den Ingwer, die halbe Chilischote mit den Kernen, die Kurkuma
und frisch gemahlenen schwarzen Pfeffer hinzufügen. Möhrensaft und
Wasser dazugießen und alles fein pürieren.

WUSSTEN SIE SCHON, DASS...

... der Darm eines der
wichtigsten Organe
für die Immunab-
wehr ist?

Macht Erkältungen Beine

TRAUBEN-PFEFFER-SMOOTHIE

PRO GLAS CA. 85 KCAL, 1 G EW, 0 G F, 19 G KH

FÜR 4 GLÄSER

1 Banane, 300 g helle und dunkle Trauben, 1 Scheibe Bio-Ingwer mit Schale (ca. ½ cm), 1 TL Acaipulver, schwarzer Pfeffer, ca. 500 ml Wasser

Die Banane schälen und in Stücke schneiden, die Trauben waschen und mit der Banane in den Mixer füllen.

Den Ingwer, das Acaipulver und frisch gemahlenen schwarzen Pfeffer hinzufügen. Das Wasser dazugießen und alles fein pürieren.

TIPP

Trauben enthalten fast alles, was die Abwehrkräfte brauchen: zum Beispiel Vitamin E und C. Außerdem Vitamine der B-Gruppe sowie Folsäure, Kalium und Eisen.

Befreites Durchatmen

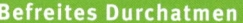

HUSTENLÖSER-SMOOTHIE

mit Spitzwegerich

PRO GLAS CA. 65 KCAL, 1 G EW, 0 G F, 14 G KH

FÜR 4 GLÄSER

3 Orangen, 10 Gundermannblätter, 10 Spitzwegerichblätter, 1 Stück Bio-Ingwer mit Schale (ca. 1 cm), 1 EL Honig, ca. 500 ml Wasser

1. Die Orangen schälen und in Stücke schneiden. Die Kräuterblätter waschen und mit den Orangenstücken in den Mixer füllen.

2. Ingwer und Honig hinzufügen. Das Wasser dazugießen und alles fein pürieren.

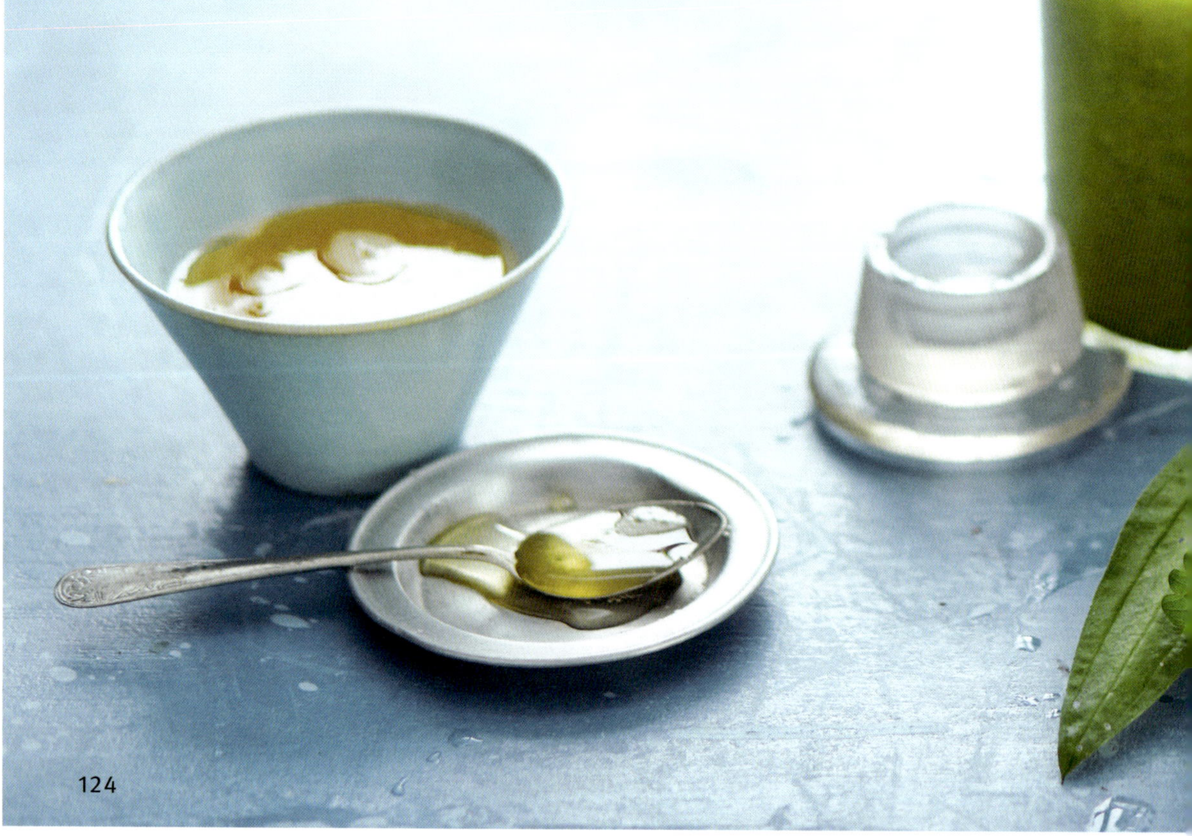

GESUNDHEITS-PLUS

Gundermann ist ein wild wachsendes Kraut, das auf Wiesen, Äckern und an Wegrändern gedeiht. Am wirkungsvollsten ist es im Frühjahr zur Blüte. Schon Hildegard von Bingen, die heilkundige Äbtissin, setzte auf seine Wirkung. Zwar konnte sie zu ihrer Zeit noch nicht wissen, dass Gundermann beispielsweise Vitamin C, Mineralstoffe wie Kalium und antioxidative Flavonoide enthält. Aber sie wusste, dass Gundermann ganz allgemein als Hustenkraut galt. Er wurde frisch gebrüht als Tee überall dort getrunken, wo Leute unter Halsweh, Husten und Heiserkeit litten. Heute sind die wohltuenden Eigenschaften des Gundermanns von der Pflanzenheilkunde erforscht. Frisch gepflückt und im Mixer zerkleinert, kann unser Stoffwechsel die nahrhaften Vitalstoffe der Blätter optimal aufschlüsseln und verwerten.

WUSSTEN SIE SCHON, DASS…

… Spitzwegerich eines der ältesten Heilkräuter bei Atemweginfekten ist?

VITAL-BOOSTER-SMOOTHIE

mit gemischten Beeren

30 MIN. EINWEICHEN | PRO GLAS CA. 85 KCAL, 2 G EW, 1 G F, 18 G KH

FÜR 4 GLÄSER

1 EL Chiasamen, ca. 600 ml Wasser, 500 g gemischte Beeren (Heidelbeeren, Himbeeren, Erdbeeren), 1 Stück Bourbon-Vanilleschote (ca. 2 cm), 2 EL Agavensirup

1

Die Chiasamen in 100 ml Wasser ca. 30 Min. einweichen und aufquellen lassen. Die Beeren waschen und in den Mixer füllen.

2

Die Chiasamen, das Stück Vanilleschote und den Agavensirup hinzufügen. 500 ml Wasser dazugießen und alles fein pürieren.

WUSSTEN SIE SCHON, DASS…

… 100 g Himbeeren ein Viertel des Tagesbedarfs an Vitamin C decken?

─ GESUNDHEITS-PLUS ─

Chiasamen stammen ursprünglich aus Mexiko. Sie waren für die Azteken und Maya ein Grundnahrungsmittel – und man vermutet, sogar Heilmittel. Heute lässt sich genau bestimmen, was alles Gutes in den Körnchen steckt: Sie enthalten fünfmal so viel Kalzium wie Milch und mehr Eisen als Spinat. Ihr Gehalt an wertvollem Eiweiß übersteigt sogar den manch anderer Getreidesorten, wie etwa den von Weizen. Wichtig für die Abwehrkräfte ist auch der hohe Anteil an ungesättigter Alpha-Linolensäure. Die braucht der Körper, um Omega-3-Fettsäuren zu bilden. Und die wiederum gelten als entzündungshemmend – was uns zugute kommt, wenn wir mal wieder von lästigen Erkältungen geplagt sind!

Sonnenvitamine

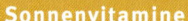

SUNSHINE-SMOOTHIE MIT ORANGE

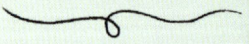

PRO GLAS CA. 95 KCAL, 2 G EW, 1 G F, 20 G KH

FÜR 4 GLÄSER

3 Orangen, 1 Banane, 1 Apfel, 1 dünne Scheibe Bio-Zitrone mit Schale, 1 Stück Bio-Ingwer mit Schale (ca. 1 cm), ca. 500 ml Wasser

1

Die Orangen und die Banane schälen und in Stücke schneiden. Den Apfel waschen, vierteln und vom Kerngehäuse befreien. Die Viertel klein schneiden. Alle Früchte in den Mixer füllen.

2

Die Zitronenscheibe und den Ingwer hinzufügen. Das Wasser dazugießen und alles fein pürieren.

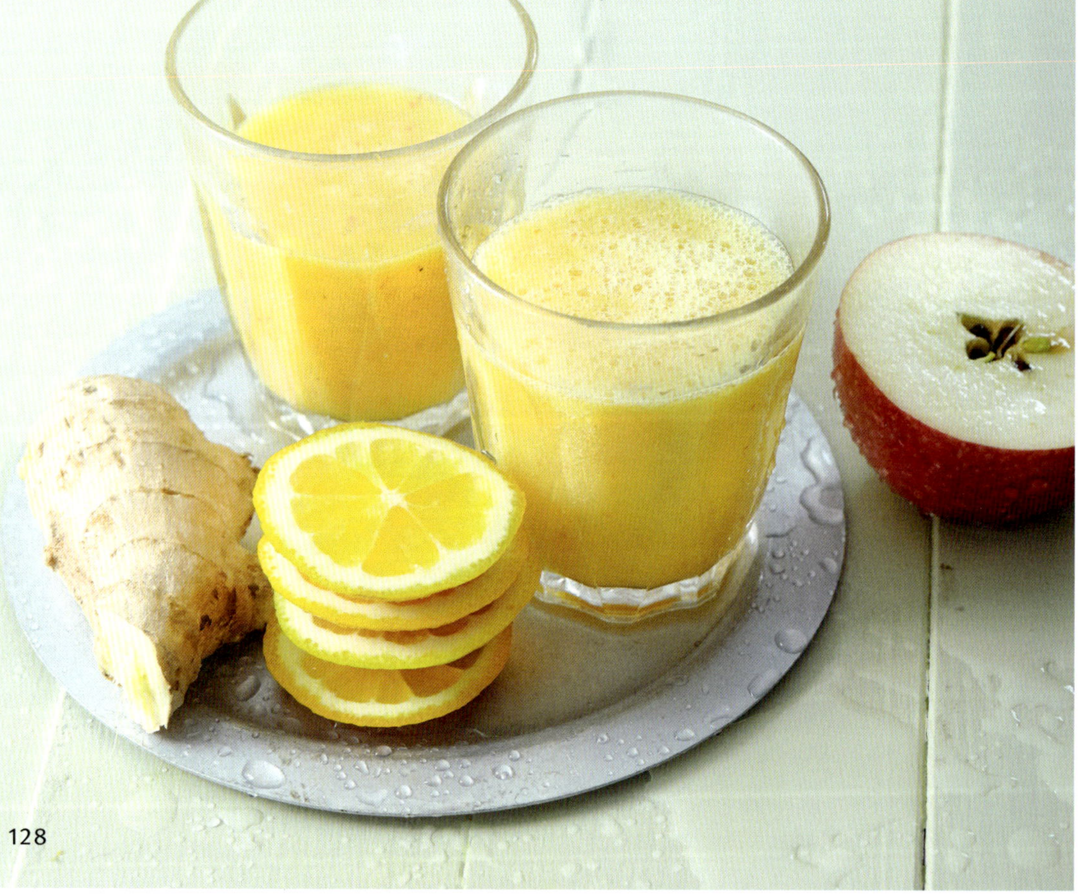

Bei Husten, Halsweh, Heiserkeit

SPINAT-APFEL-SMOOTHIE

PRO GLAS CA. 60 KCAL, 1 G EW, 1 G F, 13 G KH

FÜR 4 GLÄSER

2 Orangen, 2 Äpfel, 1 Handvoll Spinat, 10 Gundermannblätter,
ca. 500 ml Wasser

Die Orangen schälen und in Stücke schneiden. Die Äpfel waschen,
vierteln und vom Kerngehäuse befreien. Die Viertel klein schneiden.
Den Spinat und die Gundermannblätter waschen.

Orangen, Äpfel, Spinat und Gundermann in den Mixer füllen.
Das Wasser dazugießen und alles fein pürieren.

WUSSTEN SIE SCHON, DASS...

... Gundermannblätter entzündungshemmende Eigenschaften besitzen?

Immunzellen-Power

LIGHT-AND-FRESH-SMOOTHIE

mit Flohsamen

PRO GLAS CA. 45 KCAL, 1 G EW, 0 G F, 10 G KH

FÜR 4 GLÄSER

500 g gemischte Melone (Zucker-, Honig- und Wassermelone), 1 Orange, 3 Pfefferminzblätter, 1 EL Flohsamen, ca. 350 ml Wasser

1

Die Melonenstücke von Schale und Kernen befreien und klein schneiden. Die Orange schälen und in Stücke schneiden. Die Pfefferminze waschen.

2

Melonenstücke, Orange und Pfefferminze mit den Flohsamen in den Mixer füllen. Das Wasser dazugießen und alles fein pürieren.

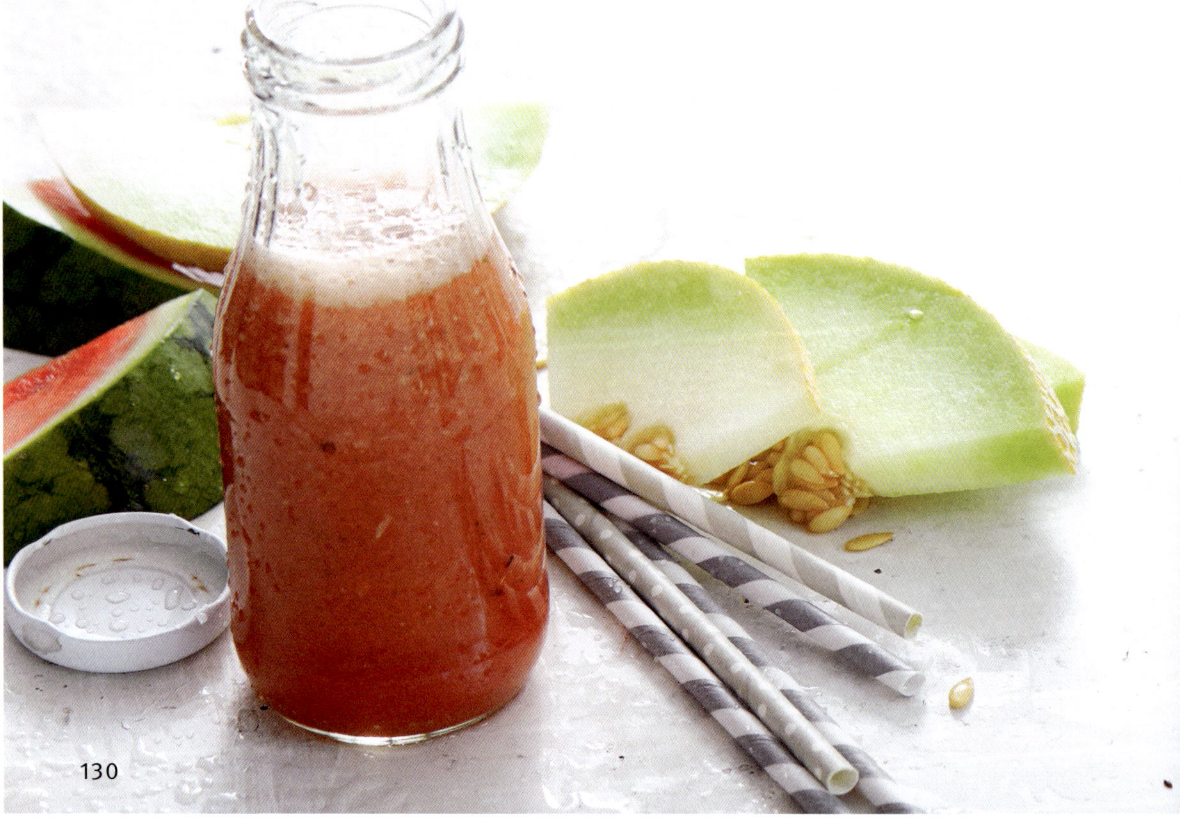

── GESUNDHEITS-PLUS ──

Flohsamen unterstützen die Darmtätigkeit, und wenn der Darm gesund ist, stärkt das unser Immunsystem. Die kleinen Samen stammen von einer Wegerichpflanze, die ursprünglich aus Indien und Persien kommt. Zerkleinert entfalten sie ihre Wirkung am besten. Sie quellen dann besonders gut auf und entwickeln eine geschmeidige Konsistenz, die die Darmschleimhäute schützt und die Darmfunktionen stärkt.

WUSSTEN SIE SCHON, DASS...

... das Menthol in der Pfefferminze Entzündungen mildern kann?

Lindert Erkältungsbeschwerden

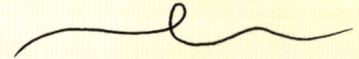

MÖHREN-FENCHEL-POWER

mit Anissamen

PRO GLAS CA. 100 KCAL, 4 G EW, 2 G F, 14 G KH

FÜR 4 GLÄSER

2 Orangen, 1 kleine Fenchelknolle, 1 Handvoll Möhrenkraut, ½ TL Anissamen, 8 – 10 Fenchelsamen, 250 ml Möhrensaft, 250 ml Milch (z. B. Kuhmilch oder Sojadrink)

1

Die Orangen schälen und in Stücke schneiden. Den Fenchel waschen, ebenfalls in Stücke schneiden und beides in den Mixer füllen. Das Möhrengrün waschen, grob zerkleinern und dazugeben.

2

Anis- und Fenchelsamen hinzufügen. Den Möhrensaft und die Milch dazugießen und alles fein pürieren.

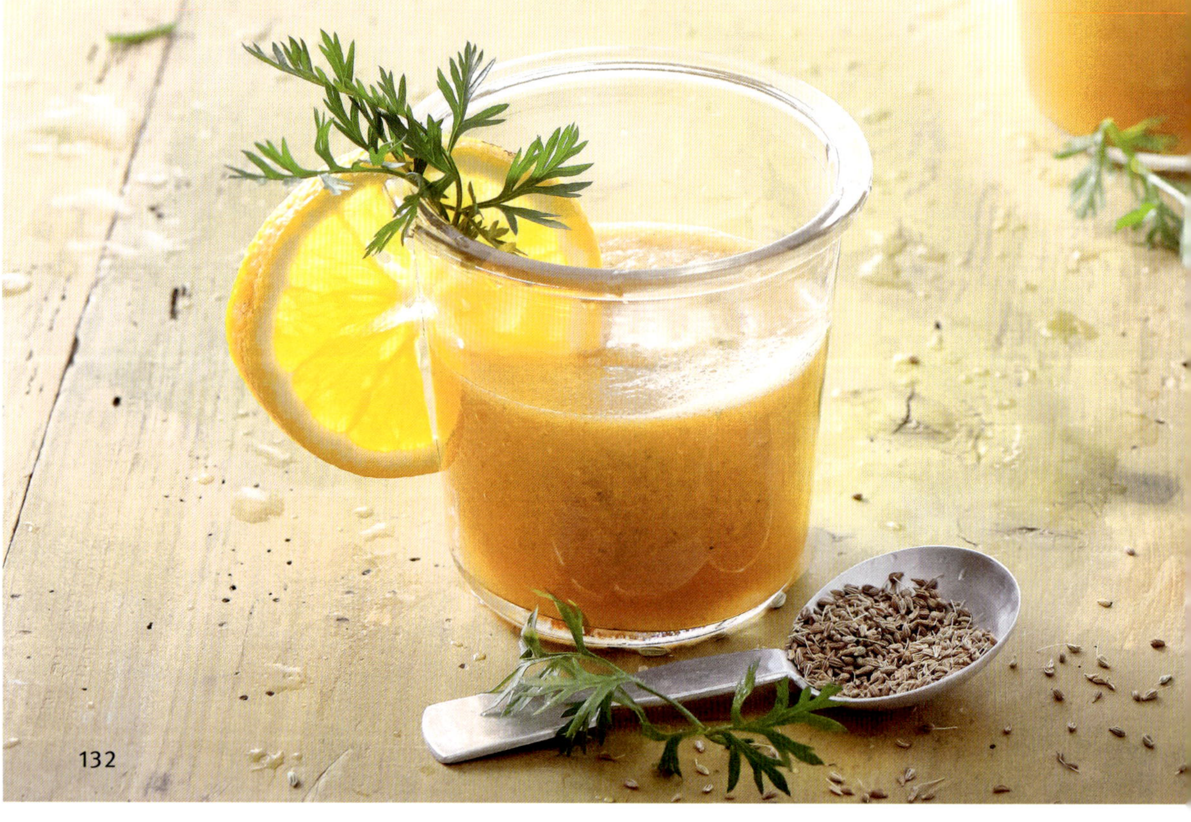

─── GESUNDHEITS-PLUS ───

Anis ist eine alte Kulturpflanze. Ursprünglich stammt sie aus dem östlichen Mittelmeerraum. Kein Wunder, dass die alten Ägypter und Römer bereits wussten, wie wohltuend sie ist. Damals hatte sich schon herumgesprochen, dass die würzigen Samen angenehm lindernd bei Husten und Heiserkeit wirken können, weil sie das Abhusten erleichtern. Heute wissen wir aus wissenschaftlichen Untersuchungen, dass ihr ätherisches Öl sogar antibakterielle Verbindungen enthält.

WUSSTEN SIE SCHON, DASS...

... Fenchelsamen antibakterielle und antioxidative Vitalstoffe enthalten?

Bei leichter Verkühlung

HONIGSTERN-SMOOTHIE

PRO GLAS CA. 45 KCAL, 1 G EW, 0 G F, 10 G KH

FÜR 4 GLÄSER

250 g Ananas, ½ Honigmelone, 1 Sternanis, ca. 500 ml Wasser

1

Die Ananas schälen und mit dem harten Strunk in Stücke schneiden. Die Honigmelone schälen und das Fruchtfleisch klein schneiden.

2

Ananas und Melone in den Mixer füllen, den Sternanis im Ganzen hinzufügen. Das Wasser dazugießen und alles fein pürieren.

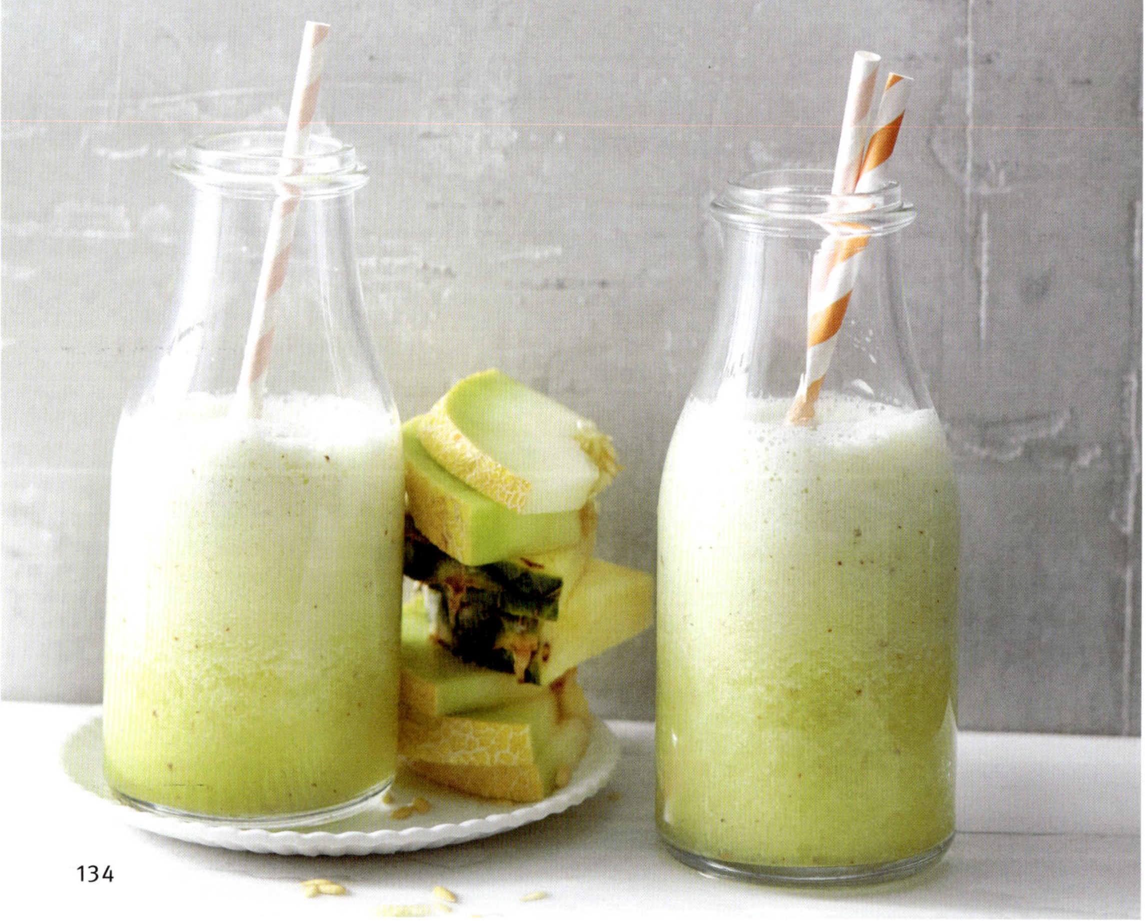

Wirkt antioxidativ gegen Keime

GERSTENPOWER-SMOOTHIE

PRO GLAS CA. 80 KCAL, 1 G EW, 1 G F, 16 G KH

FÜR 4 GLÄSER

2 Birnen, 1 Banane, 3 Kohlrabiblätter, 1 geh. TL Gerstengraspulver,
250 ml Haferdrink, ca. 250 ml Wasser

Die Birnen waschen, vierteln und vom Kerngehäuse befreien. In Stücke
schneiden. Die Banane schälen und ebenfalls in Stücke schneiden. Die
Kohlrabiblätter waschen.

Birnen, Banane, Kohlrabiblätter und Gerstengraspulver in den Mixer
füllen. Haferdrink und Wasser dazugießen und alles fein pürieren.

WUSSTEN SIE SCHON, DASS...

... Gerstengras
dem Körper hilft,
Schadstoffe besser
auszuleiten?

Vitamine pur

SCHÖNE AGAVE

PRO GLAS CA. 70 KCAL, 1 G EW, 1 G F, 14 G KH

FÜR 4 GLÄSER

1 Granatapfel, 300 g Erdbeeren, ½ Chilischote, 1 EL Agavensirup, ca. 500 ml Wasser

1. Den Granatapfel halbieren und die Kerne herauslösen (Achtung, es spritzt!). Die Erdbeeren waschen, Bio-Erdbeeren nicht vom Grün befreien, konventionell angebaute Erdbeeren schon.

2. Granatapfelkerne und Erdbeeren in den Mixer füllen. Die halbe Chilischote waschen, entkernen und mit dem Agavensirup in den Mixer geben. Das Wasser dazugießen und alles fein pürieren.

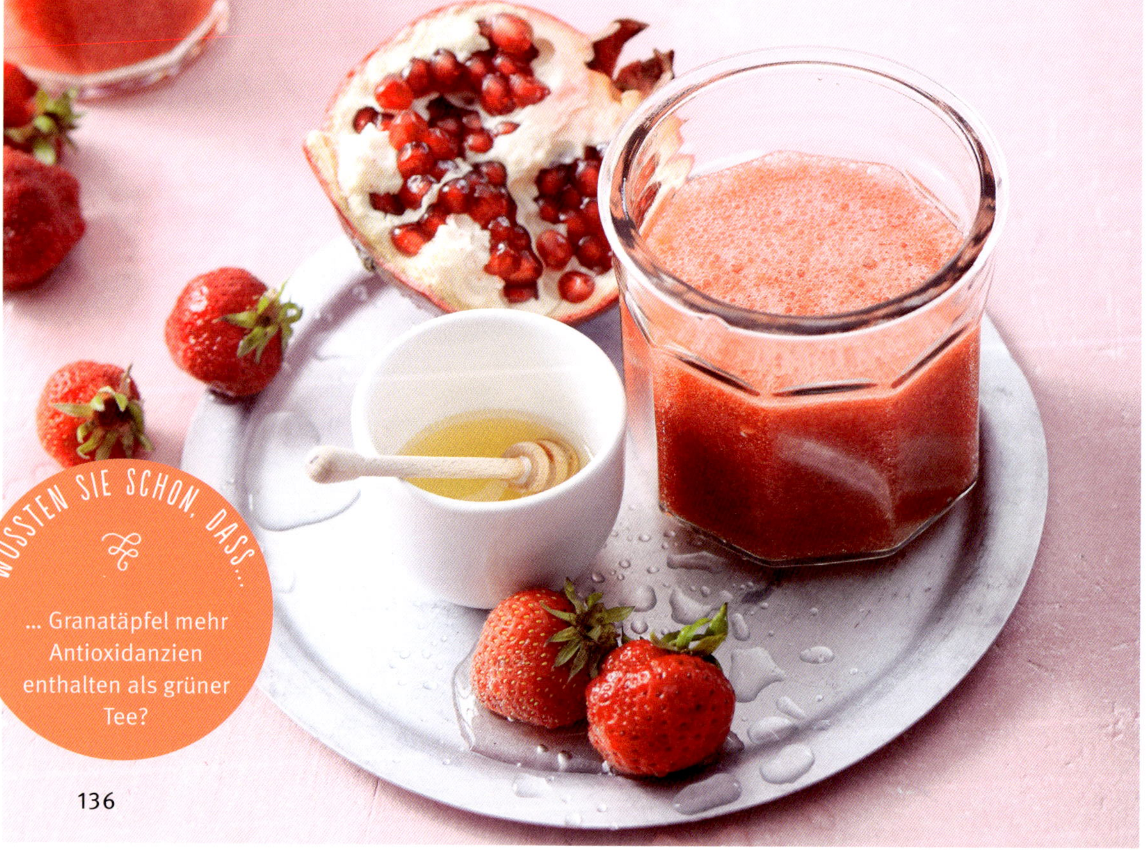

WUSSTEN SIE SCHON, DASS …

… Granatäpfel mehr Antioxidanzien enthalten als grüner Tee?

Schnelle Vitamin-C-Kur

ZITRUSPOWER-MINZE-SMOOTHIE

PRO GLAS CA. 50 KCAL, 1 G EW, 0 G F, 9 G KH

FÜR 4 GLÄSER

1 Grapefruit, ½ Zitrone, 2 Orangen, 5 Minzeblätter,
1 TL gemahlene Kurkuma, ca. 500 ml Wasser

Die Grapefruit, die halbe Zitrone und die Orangen schälen. Das Fruchtfleisch jeweils in Stücke schneiden und in den Mixer füllen.

Die Minze waschen und hinzufügen, die Kurkuma ebenfalls dazugeben. Das Wasser dazugießen und alles fein pürieren.

TIPP

Zitronen enthalten
etwas mehr Vitamin C als
Orangen und Grapefruit.
Kombiniert sind die drei
ein unschlagbares Trio für
die schnelle Immunkur!

REGISTER VON A-Z

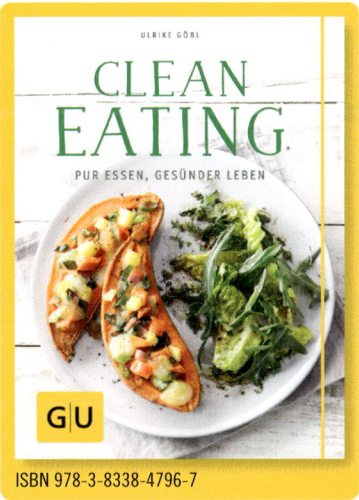

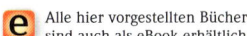

IMPRESSUM

DIE AUTOREN

Dr. med. Thomas Wendel praktiziert in München und hat sich auf das Thema Active Aging spezialisiert. Er entwickelt mit Enthusiasmus nachhaltige Konzepte zur gesunden Lebensführung, in denen die Ernährung eine wichtige Rolle spielt. Dr. Wendel lebt in München und Bregenz.

Catrin Wendel lebt mitten im Grünen am Bodensee. Gesundheit und Körperbewusstsein sind ihre Lebensprioritäten. Sie arbeitet als erfolgreiche Yoga-Lehrerin und ist begeisterte Köchin mit starkem Bezug zur Natur. Die besonderen Kräfte von Pflanzen, Früchten, Kräutern und Gewürzen lehrt sie erfolgreich in Smoothie-Workshops.

DIE FOTOGRAFINNEN

Maria Grossmann und **Monika Schürle** arbeiten seit langem im Team und sind erfolgreich in den Bereichen Food, Still-Life und Interior tätig. Ihre Auftraggeber sind Magazine, Verlage und Agenturen. Zusammen mit Foodstylistin **Stefanie Nickel** haben sie in ihrem Studio die buntesten Smoothies gemixt und stimmungsvoll in Szene gesetzt.

© 2015 **GRÄFE UND UNZER VERLAG GmbH**, München

Syndication: www.jalag-syndication.de

Projektleitung: Verena Kordick

Lektorat: Katharina Lisson

Redaktionelle Mitarbeit: Katja Mutschelknaus

Korrektorat: Waltraud Schmidt

Satz: L42 Media Solutions Ltd.

Innenlayout, Typografie und Umschlaggestaltung: independent Medien-Design, Horst Moser, München

Herstellung: Martina Koralewska

Repro: Medienprinzen

Druck: F+W Druck- und Mediencenter, Kienberg

Printed in Germany

ISBN 978-3-8338-5102-5

1. Auflage 2015

Liebe Leserin, lieber Leser,

haben wir Ihre Erwartungen erfüllt? Sind Sie mit diesem Buch zufrieden? Haben Sie weitere Fragen zu diesem Thema? Wir freuen uns auf Ihre Rückmeldung, auf Lob, Kritik und Anregungen, damit wir für Sie immer besser werden können.

GRÄFE UND UNZER Verlag
Leserservice
Postfach 86 03 13
81630 München
E-Mail:
leserservice@graefe-und-unzer.de

Telefon: 00800 / 72 37 33 33*
Telefax: 00800 / 50 12 05 44*
Mo–Do: 8.00–18.00 Uhr
Fr: 8.00–16.00 Uhr
(* gebührenfrei in D, A, CH)

Ihr GRÄFE UND UNZER Verlag
Der erste Ratgeberverlag – seit 1722.

Gedruckt auf Galaxi Supermat, exklusiv bei der Papier Union.

 www.facebook.com/gu.verlag

Umwelthinweis:

Dieses Buch ist auf PEFC-zertifiziertem Papier aus nachhaltiger Waldwirtschaft gedruckt.

Die **GU-Homepage** finden Sie unter **www.gu.de**.

GRÄFE UND UNZER

Ein Unternehmen der
GANSKE VERLAGSGRUPPE